번역학 연구와
코퍼스 문체론

번역학 연구와
코퍼스 문체론

서정목 지음

보고사
BOGOSA

　요즘은 4차 산업혁명이 화두이다. 주지하다시피 4차 산업혁명은 정보화에 인공지능, 로봇, 생명과학 기술이 융합된 차세대 산업혁명을 의미한다. 이러한 시대에, 저자 주위의 사람들은 저자의 전공이 통번역학인지라, 이제 인공지능, 자동번역기가 알아서 번역을 다 해주니 이제 그 전공은 수명을 다하였다고 한다. 사실 정보화시대 이후로 자동번역에 대해서는 꾸준히 연구가 되어왔으나 번번이 통번역은 컴퓨터가 넘지 못하는 인간의 영역이라고 일컬어왔다.

　구글 번역기에 의한 영한, 한영의 번역 수준은 지난 몇 년 동안 비약적으로 향상되었다. 통번역은 말 그대로 통역과 번역을 편의상 합쳐서 부르는 명칭이다. 통역은 구어, 번역은 문어 형식으로 출발언어에서 목표언어로 담화나 텍스트의 전이(transfer)가 이루어지는 과정이다. 자동 또는 기계번역은 현재 번역의 대상이 되는 언어에 따라, 즉 언어적 특성이나 어족 상 공통점이 많은 언어들과는 완벽에 가까운 번역의 정확도를 보이며, 언어적 거리가 차이가 큰 언어들 간에는 그 번역의 정확도가 떨어지는 것은 사실이다. 통역의 경우에는 출발언어의 음성입력에서 출발하여 번역과정을 거쳐 목표언어의 음성출력으로 이어지는 음성인식도 필요로 하는 복잡한 메커니즘이다. 인간 언어의 의사소통은 언어적 의사소통과 비언어적 의사소통으로 구성되는데 의사소통에 있어서 비언어적 의사소통이 차지하는 비중이 절반 이상을 차지한다. 그리고 출발언어에서 목표언어로의 번역과정에서 필연적으로 개입하는 것은 어떠한 번역전략을 적용할 것인가?, 즉 이국화(foreignization) 대 자국화(domestication), 형식적 등가와 동적 등가 등, 쉽게 말해 직역 대 의역의 범위에서 어떠한 선택을 하여야 하는가가 인간의 창조적, 독자적 활동이 관여하는 부분이다. 이러한 비언어적인 의사소통에 대한 변수들, 그리고 출발언어와 목표언어 사이에서의 번역전략 등을 모두 획일적으로 기계적인 자동번역으로 완벽하게 처리하는 것은 아직은 요원하다 할 것이다. 데이터처리, 네트워크, 대용량 저장장치의 비약적인 발전, 데이터를 식별, 분석, 분류가 가능한 딥러닝(deep learning), 생명체의 신경망 및 뇌와 유사한 방식의 정보처리 알고리즘인 인공신경망에 기반한 번역 등 정보기술의 발전으로 현재 우리로서는 알 수가 없는 그 어떤 기술로 인하여 언젠가는 완벽한 통역이 가능한 날도 올 것으로 본다. 왜냐하면 인류의 지난 과학문명사를 보건데, 인간이 상상했던 기술은 모두 현실에서 구현이 되어왔기 때문이다. 가령, 19세기 프랑스의 소설가 줄 베르느(Jules Verne)가 1800년도에 쓴 공상과학소설, '해저 2만 리'에는 잠수함을 타고 전 세계의 바다를 누비는 내용이 나오지만 당시로써는 잠꼬대 같은 상상이었을 것이고, 20세기 초 조르주 멜리에스(Georges Méliès)의 '달나라 여행'이라는 공상과학영화 역시 상상이었을 것이다. 하지만 인간이 생각하는 모든 것은 언젠가는 실현이 된다.

정보통신 기술의 발전으로 구현되는 자동, 기계통번역으로 다양한 언어 간의 의사소통은 멀지 않은 미래에 보다 쉽게 이루어질 것으로 본다. 그래서 스마트 폰의 유심을 교체하듯이 인간의 머리에 언어

처리 칩을 끼움으로써 다른 언어를 구사하는 그런 시대는 올 것이다. 그래서 언어로 인한 의사소통의 불편함은 거의 해소될 것이다. 그래서 인적, 물적 교류는 더욱더 증대될 것이며, 언어로 인한 장애는 해소될 것으로 본다. 이러한 기술의 구현은 빅데이터와 정보통신을 위한 네트워크의 속도에 기인한 것이다.

이러한 통번역과 관련된 기술적 변화도 이론적 기반에서 비롯된다. 본서는 2009년부터 2015년까지 번역학과 코퍼스에 관련된 필자의 논문들을 취합, 정리한 것이다. 본서에서는 자동번역, 기계번역으로 접근하기 이전 번역학에 대한 이론적인 배경, 즉 대조분석과 번역, 번역전략, 등가와 번역과 관련된 문체 그리고 코퍼스를 다룸으로써 자동번역, 기계번역을 위한 이론적 토대를 구비하는데 기여하였으면 하는 바람이다. 기술적 발전도 이론적인 토대에 기초할 때에 더 공고하다 할 것이다.

2017년 10월 26일

대구가톨릭대학교 연구실에서
서정목

차례

제1장

프롤로그

　본서에서는 대조분석이론, 번역학 연구에 있어서의 등가, 코퍼스의 연구방법론에 대한 개관, 번역학 연구에 있어서의 문체, 번역전략으로서의 번역전이(translation transfer), 그리고 코퍼스문체론적 방법론과 그에 따른 사례를 다룬다. 코퍼스언어학, 코퍼스문체론도 결국 오늘날 빅데이터의 시대에 텍스트자료로 존재하며 거대한 데이터과학의 한 분과학으로 자리매김한다. 이러한 맥락에서 본서가 지향하는 한 꼭지는 출발언어와 목표언어의 두 개별되는 텍스트 역시 코퍼스라는 데이터로서 등가에 따른 대조분석(contrastive analysis)과 번역전략에 따라 산출되며, 이에 대한 과정에 대한 이론적 연구는 향후 언어 간 장벽을 허물고자 하는 데이터과학과 번역학 연구의 기본적인 토대가 될 것으로 본다.

　대조분석 또는 대조언어학은 제반 언어학의 한 분야로서 개별언어 간에 있어서의 유사점, 그리고 차이점을 분석하는 것을 그 기본적인 과제로 하고 있다. 20세기 초반에 태동한 구조주의 언어학(structural linguistics)과 연동해 이루어진 대조분석은 이론적인 차원에서 분석 대상이 되는 개별언어들의 보편소를 추구하거나, 오류를 예측하여 정확한 언어적 정보를 제공하고자 한다. 특히 대조분석을 통하여 긍정적 전이, 부정적 전이, 무전이(zero transfer) 등을 밝혀내고, 부정적 전이, 즉 간섭(interference)현상을 효과적으로 방지하고자 하는 것이 대조분석의 초기 버전이라 할 수 있을 것이다.

현대사회는 정보사회로서 산업전반뿐만 아니라 모든 영역에 걸쳐 컴퓨터의 영향을 크게 받고 있다. 소프트웨어의 위기(software crisis)라는 말이 있다. 하드웨어의 발전속도나 정보처리속도를 소프트웨어의 발전속도나 소프트웨어기반의 정보처리속도가 따라잡을 수 없는 것을 일컫는 말이다. 물론 구조주의시대에도 물리적 언어자료로서 코퍼스가 존재했었지만 오늘날 우리가 말하는 코퍼스란 디지털자료를 의미하며, 엄청나게 방대한 언어자료도 컴퓨터의 도움으로 처리가 가능하게 되었다. 이러한 시대적 맥락에 따라 대조분석도 새로운 버전으로 바뀌고 있는 것이다.

1980년대 후반부터 언어구조와 문화구조, 언어구조와 인간의 의식구조, 언어구조와 인간의 사회구조 등의 관계로 그 영역을 넓혀감으로써 대조분석은 다시 학자들의 관심을 모으고 있다. 최근에는 이 대조분석방법이 대조담화 및 화용분석에도 적용되고 있다(허용 2005: 35). 아울러 전산에 힘입은 코퍼스의 활용용도의 확대라는 맥락에서, 코퍼스, 특히 병렬코퍼스(parallel corpus)는 언어와 다른 언어들 간의 비교를 용이하게 하고, 번역이론의 발전을 진전시켜 외국어교육을 향상시키는 목적에 이바지함에 따라, 대조분석은 새로이 자리매김하게 되었다.

대조언어학과 번역학 연구의 새로운 패러다임으로 코퍼스에 기반한 연구방법론이 등장하였고, 대용량 언어자료의 검증과 분석을 통하여 코퍼스언어학의 과학적인 분석기제가 제공되었으며 이론위주에서 기술위주로 변화된 대조언어학과 번역학 연구에 접근할 수 있게 되었다. 대조언어학이나 번역학 연구에 있어서 하나 또는 둘 이상의 언어를 대상으로 다중/병렬코퍼스를 연구 및 분석대상으로 설정하여야 하는데, 언어연구의 관점에서 볼 때에 관찰에 근거하여 언어현상을 규명하는 연구과제를 선정 후 가설과 모형을 설정하고 그 가설입증을 위해서 언어자료를 수집한 후에 이에 대한 검증과 해석이 이루어지는 전 과정은 과학으로서의 연구방법론에 입각하여야 한다.

개인적 특성과 언어적 기호를 반영하는 것이 문체이며, 출발언어에서 목표언어로의 번역전이 과정에 번역자가 적용하는 번역기법은 문체적 특성을 부여하고 이것이 번역자의 문체라고 할 수 있다. 단순히 번역문체라는 용어 대신 '번역전이에 따른 문체'를 강조하는 이유는 연구 대상이 번역과정에 대한 출발언어의 간섭을 비롯한 번역투, 내지는 그에 따른 번역체가 아니라, 번역텍스트에 나타나는 번역자의 문체의 특성을 비교하기 위하여 특정한 번역전이의 사용에 따라 구성되는 문체를 대상으로 하고 이들의 비교를 위한 방법론에 대한 연구이기 때문이다. 번역기법의 선택과 활용에 따른 전이에 따라 번역과정에서 나타나는 번역자의 문체가 형성되므로, 이러한 문체는 번역자의 개인적 특성을 부여한다. 따라서 출발언어에서 목표언어로의 번역과정에서 문체적 특성을 규명하는 비교방법론에서 제시되는 기법들은 정성적 기제가 되는 것이다.

번역에 있어서 개인적 기호에 따른 특정어휘의 선호와 번역기법의 선택에 따른 전이에 의하여 번역과정에서 번역자의 문체가 형성되며, 이러한 문체는 번역자의 개인적 특성을 부여한다. 포랜식문체론에 기반한 번역자판별은 번역자의 진위여부를 규명하는 작업뿐만 아니라 번역텍스트에 대한 번역과정과 번역결과의 분석을 위한 기제로 이용될 수 있다. 번역자판별에 있어서는 계량문체론적 방법론에 따라 정량적 분석을 적용하고 정량적 분석을 토대로 하여 정성적 분석을 통한 번역자판별을 시도하여야 하며, 실제 영어와 한국어로 된 병렬코퍼스를 대상으로 이러한 번역자판별의 가능성에 대해서 살펴보고자 한다.

제2장

대조분석의
새로운 역할과 과제

2.1. 시작하는 말

본 장에서는 다음의 사항에 대해서 살펴보고자 한다. 첫째, 대조분석을 기조로 해서 구조주의 언어학과 생성문법(generative grammar)이라는 금세기의 양대 언어학의 흐름에서 보는 대조분석에 대한 관점, 둘째, 이론언어학과 응용언어학의 양면성을 지니는 대조분석이 갖는, 언어적 보편소를 규명하는 이론언어학적인 측면과 외국어교육의 과학화와 효율성을 위해 간섭효과를 최소로 줄이는 응용언어학적인 측면, 셋째, 대조분석시의 비교가능성과 등가의 문제, 넷째, 대조분석과 오류분석과의 관계, 다섯째, 일반적인 코퍼스의 특성과 코퍼스언어학에 있어서의 대조분석의 새로운 역할 등을 중심으로 살펴볼 것이다.

2.2. 대조분석이론

2.2.1. 양대 언어학적인 관점

구조주의 언어학은 미국과 유럽에서 다같이 1930년 이전에 시작된 언어이론으로, 언어는 상호의존적 요소가 완전히 통합해서 이루어진 체계, 즉 구조체라고 보기 때문에 구조주의 언어학이라 한다. 구조주의 언어학의 관점을 간략히 언급하면, 언어란 화자가 말하는 'Sein' 그대로이지, 규범지울 수 있는 'Sollen'이 아니다. 언어의 습득과정은 경험론적 견지에서 경험과 반복학습으로 이루어지는 것이다. 구조주의 언어학의 연구방법으로는 코퍼스를 수집하여 이를 귀납적 방법으로 분류하고 그 언어를 이루는 목록을 작성하는 것이다. 이러한 연구방법에 따라 전산과 관련한 하드웨어와 소프트웨어의 발전으로 디지털화된 언어적 데이터, 즉 코퍼스를 분석하고자 하는 방향과 의도에 따라 분석이 가능하게 되었다.

1960년대에 들어와서 Chomsky의 영향으로 수립된 생성문법의 관점에서도 대조분석이 이루어졌으며, 기본적으로 생성문법이 대조분석에서 쓰이고 있는 여러 이유 중의 하나는, 대조되는 언어들 간의 상이점들을 체계와 법칙의 차이로 기술하는데 가장 강력한 가능성을 제공해주는데 있다. 그러나 대조분석에 있어서 심층에서 표층으로 이어지는 변형규칙에 의한 생성문법적 방법이나, 보편문법모형에 근거하여 규칙체계와 원리체계와 하위체계들의 변수간의 상호작용을 통해 개별언어를 이해시키려는 보편문법의 방법으로는, 이론언어학적 성격을 벗어날 수는 없을 것이다. 물론 이론지향의 측면도 존재하지만 대조분석의 궁극적인 목적은 실용적 효용에 있으므로,

구조주의적 언어기술에 보다 더 의존할 수밖에 없는 것은 현실이다. 구조주의 언어학적 접근방법에서는 외국어학습이나 교수법에 대한 구체적인 방법을 제시하고 있는데 반해, 생성문법적 접근방법은 언어의 이론적인 배경과 이론지향적인 언어기술에 충실하고 있기 때문이다. 구체적인 자료를 기반으로 언어를 분석하는 것이 구조주의 언어학의 특징인 반면, 생성문법은 언어적 직관에 의존하여 언어를 연구하고자 한다. 다시 말하면, 구조주의 연구방법론은 경험주의적 연구방법, 생성문법은 이성주의 연구방법으로 대비될 수 있을 것이다.

경험주의적 연구방법에 기반을 둔 코퍼스에 대한 Chomsky 중심의 비판적 입장으로, 첫째, 코퍼스는 우리로 하여금 잘못된 것들을 모델화하도록 하고, 언어능력보다는 언어수행을 모델화하도록 노력한다는 것이다. Chomsky는 언어학의 목표는 언어수행 현상의 열거나 기술이 아니라, 언어능력의 내성(introspection)이나 설명이어야 한다고 주장한다. 둘째로, 비록 우리가 언어학의 목표로서 열거나 기술을 받아들인다 할지라도, 자연언어가 유한한 것이 아니기 때문에 달성할 수 없는 목표처럼 보인다. 결과로서, 문장들의 열거는 결코 언어의 적절한 기술을 이루어 낼 수 없다. 어떻게 부분적인 코퍼스가 무한한 언어의 '설명체(explicandum)'가 될 수 있는가?[1]

마지막으로, 우리는 완전히 내성을 회피해서는 안 된다. 만일 우리가 이를 회피한다면, 비문법적인 구조와 애매모호한 구조들을 탐지하는 것은 어렵게 되고 실로 불가능하게 될 것이다(McEnergy &

---

1) http://dictionary.reference.com/browse/explicandum

Wilson 1996: 10). 강범모(2003: 124-125)에 따르면, Chomsky의 주장에 대한 반론은 다음과 같다. 첫째, Chomsky가 우리가 쓰는 말의 대부분이 비문법적이라고 했지만 실제로 올바른 문장이 더 많다는 것을 보이는 연구결과도 있고, 또한 문어 코퍼스는 대부분 문법적인 문장으로 구성된다. 둘째, 언어수행의 결과인 코퍼스에 문제가 있을 수 있지만, 언어적 이성 및 직관으로 만들어진 문장들도 왜곡될 수 있는 것이다. 셋째, 직관으로 알 수 없는 사실이 있다. 가령 사람과 말 중에서 어떤 것이 많이 쓰이는지는 실제 자료, 즉 코퍼스를 보아야만 알 수 있는 것이 있다. 넷째, 무엇보다 현대의 컴퓨터 코퍼스언어학은 검색, 추출, 정렬, 계산하는 일을 이전에는 상상할 수 없었던 정도로 정확하고 빠르게 수행하므로, 이전의 비판은 무의미해진다.

코퍼스언어학과 생성문법이 이와 같이 불편한 관계를 가져 왔는가를 설명하고, 언어학이론에서 코퍼스분석의 역할을 탐구하기 위해서는, Chomsky가 주장하는 3가지 적절성, 즉 관찰적, 기술적, 설명적 적절성에 관한 연구를 살펴볼 필요가 있다. 생성문법가들은 Chomsky에 따르면, 가장 높은 단계의 적절성인 설명적 적절성을 위하여 노력하는 반면, 코퍼스언어학자들은 더 낮은 단계의 적절성인 기술적 적절성을 목표로 하고, 그리고 설명적 적절성이 코퍼스분석을 통해서 달성될 수 있는지 없는지는 논쟁의 여지가 있다는 것이다. 그러나 코퍼스는 더 기능적으로 바탕을 둔 문법이론들, 다시 말해서 의사소통의 도구로서의 언어를 탐구하는데 관심이 더 많은 언어이론에 기초한 언어학적 가설들을 테스트하는 소중한 자료가 될 수 있다 (Meyer 2002: 2).

결국 오늘날의 대용량 코퍼스는 새로운 가능성을 제공하므로, 내성적 방법을 사용하는 동시에 코퍼스 사용의 연구방법을 같이 사용하는 것이, 효과적인 언어연구의 지평을 여는 계기가 된다. 따라서 구조주의 시대에서 비롯된 대조분석이론은 생성문법, 보편문법이론을 수용함으로써 이성적 직관을 통한 이론언어학적 요구를 수용하고, 또한 구조주의적 경험적 자료에 의거한 코퍼스를 통한 대조분석의 결과를 가지고서, 응용언어학적 요구도 충족될 수 있을 것이다. 언어학 연구에 있어서 구조주의 언어학과 생성문법의 대립은 단순히 언어연구의 방법론상의 대립만이 아니라, 경험론과 합리론의 대립이라고 할 수 있을 정도로 극단적으로 전개되어 왔다. 그러나 기실, 물리적 세계의 경험적 실증을 토대로 한 언어적 자료는 비가시적인 내성을 통한 이성주의를 가시화하는 증거로 제공되고, 언어의 보편성과 이성주의는 내성을 통하여 가시적인 언어 데이터의 규칙을 제공함으로써, 서로 상극의 관계가 아닌 상생의 관계임을 인식하여야 할 것이다.

2.2.2. 대조분석의 개념과 정의

대조언어학 또는 대조문법이란 가능한 한 세분화된 비교를 할 때에, 그 주된 관심을 비교된 2개 또는 그 이상의 언어체계 내지는 하위체계사이의 공통점에 두기 보다는, 오히려 차이점이나 대조에 두고 있는 비교언어학적 기술방법과 분석방법이라고 정의되고, 모국어와 외국어의 차이점이 바로 차이문법이 되며, 이 차이로 이루어진 부분에 대한 분석이 대조분석으로 정의된다(Rein 1983: 1-3).

이러한 대조분석의 정의에 근거하여 대조분석이론을 구체적으로 살펴보면, 대조분석이론은 학습자의 모국어와 목표언어를 비교·대조하는데서 그 차이점이 학습자에게는 학습상의 문제점이 된다는 가설에 그 근거를 두고 있다. 이것은 모국어의 언어구조가 목표언어로 전이되어 영향을 미침으로써 오류가 발생한다는 이론에서 시작되었고, 대조분석의 핵심은 언어 간의 차이점이 바로 학습상의 난점을 유발하며, 오류발생의 원인이 된다는 것이다. Fries(1945: 9)는 가장 효과적인 자료란 학습자의 모국어와 목표언어의 정확한 대조분석에 의하여 과학적으로 기술된 것이어야 한다고 하였고, Lado(1957)에 이르면서 본격화된 대조분석이론은 언어 간의 유사점보다 차이점을 강조하는 구조주의이론에 바탕을 두고 있으며, 언어습득을 반복적 습관형성으로 보는 행동주의 심리학에 근거하고 있다. 대조분석이론은 특히 미국에서 언어학의 새로운 분야로 등장하여 1960년대 초반까지 각광을 받았으며, 그 후 생성문법시대에 위축되는 경향을 보이기도 하였다. 유럽에서는 1970년대에 와서 대조분석에 대한 관심이 고조되어 폴란드, 유고를 비롯한 동구에서는 대조분석이 광범위하게 연구되었다.

이론적 대조분석의 가장 중요한 특징인 대조적 실제에 관한 일련의 대조분석에 대하여, Zabrocki(1976: 97-109)는 첫째, 대조분석은 간섭, 오류분석의 심리학적 이론, 제 2언어습득이론과 같은 영역에서 대조분석이론의 적용의 기초를 이룬다. 둘째, 그 자체로는 아무런 결과를 설명하지 않고 대조적 실제에 대해서도 아무런 설명을 할 수 없는 이론적 대조분석은 다른 응용적 취지의 접근방법에 전제를 제공한다. 셋째, 대조자료들을 바탕으로 하여 여러 언어에서의 증거를 분석하지 않고는 해결될 수 없는, 다양한 언어적 문제에 대한 해결책을 제시하는데 중요한 역할을 한다고 하였다(Fisiak 1980: 218).

언어학의 영역에 있어서, 대조언어학은 체계언어학과 응용언어학의 양면성을 지니고 있다. 체계적·이론적 언어학으로서 두 개 또는 그 이상의 언어를 체계적으로 대조분석하여, 음성학, 음운론, 형태론, 통사론, 의미론 등 언어학의 제차원에서 개별언어들의 차이점과 유사점을 총괄적으로 기술하고, 그들의 언어체계를 대조하여 언어적 보편소를 규명하는 이론적인 측면과, 외국어교육의 과학화와 효율성을 통한 간섭효과를 최소로 줄이는 응용적인 측면을 들 수 있다. 따라서, 이론언어학이나 응용언어학은 대조의 기법면에 있어서는 비슷하거나 일치하지만, 목표에 있어서는 이론언어학이 언어적 보편소를 추구하는 반면, 응용언어학은 외국어교육의 효과를 높이는 것이라고 할 수 있다. 아울러 유럽과 미국에서의 대조분석 경향은 약간 다른데, 미국에서는 외국어교육의 측면에 치중하였고 유럽에서는 이론적인 측면에 치중하는 경향을 보였다(Fisiak 1980: 217).

대조언어학은 사회언어학, 심리언어학, 인류언어학, 역사언어학 등의 언어학과 교육사회학, 교육심리학, 교육학 분야와도 연계성을 가지고 있어서, 순수 이론적 언어학에서보다는 응용언어학분야에서 그 중요성이 증대되고 있다.

2.2.3. 비교가능성과 등가

두 언어의 구조를 대조할 때에, 두 언어에 공통적으로 무엇을 적용할 수 있을 것인가라는 적용대상의 문제로서 비교의 기준이 제기된다. 대조언어학자들은 그가 연구하는 언어로부터 어떤 요소들을 병

치시키고, 다른 언어로부터 특수한 요소들을 대조할지를 선택하여
야 한다. 아울러 이러한 요소들 사이에 무슨 종류의 등가가 존재해야
하는가를 결정해야 한다(Bouton 1976: 144). 대조분석은 두 언어의 서
로 대응하는 부분에 대해 행해지는 것이므로, 분석을 시작할 때는
우선 무엇과 무엇이 서로 대응하는 요소인가 하는 점을 명확히 하지
않으면 안 된다. 즉 무엇과 무엇, 어느 부분과 어느 부분이 등가인가
하는 점을 명확히 해야 한다.

[도식 1] 형식과 내용의 등가

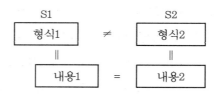

서로 다른 두 언어의 언어기호를 S1과 S2로 나타냈을 때, S1의 형
식1과 S2의 형식2는 보기에 전혀 달라도 각각의 형식이 담보하는 내
용1과 내용2가 서로 같으면, S1과 S2는 서로 대응하는 언어기호라고
할 수 있다. 이때 형식1과 형식2는 형태는 다르지만, 같은 내용을 나
타내는 두 개의 등가의 형식이라 할 수 있다(오미령 역 2004: 17).
  두 개별언어의 각 차원을 대조분석할 때에, 위에서 언급한 두 언어
의 언어기호 S1과 S2는 어떠한 비교의 기준을 통해서 선택이 된 것인
가라는 비교의 기준 문제가 된다. 언어의 비교는 그 본질을 규명하는
중요한 수단이 되며, 다른 언어와의 대조를 통해서만 차이점과 공통
점이 규명될 수 있는 것이다. 두 개별언어를 대조분석한다면, 그 차

이점과 유사점을 비교한다는 것이다. 대조분석시 무엇을 대조하는가라는 문제는 대조점(tertium comparationis)을 설정하는 것이고, 그 대조점이 설정되었다면 비교가능성이 제기되고, 대조란 두 개별언어 간에 유사점과 차이점을 밝히는 것인바, 비슷한 유사관계와 다른 대립관계는 이들 간의 공통분모와 등가의 개념을 기반으로 하며 당연히 비교가능성을 전제로 하여야 할 것이다.

이러한 등가의 영역을 설정할 때에, 음성·음운체계, 형태체계, 의미체계, 통사체계와 문장 등을 비롯하여, 모국어와 목표언어에 대하여 이를 대조할 수 있는 매트릭스를 설정할 수 있을 것이다. 모국어와 목표언어의 대조분석 매트릭스가 음성·음운체계, 형태체계, 의미체계, 통사체계 및 화용차원의 여러 영역에서 대조분석의 목표에 따라 해당 영역의 선별적 선택을 통한 분석, 역시 가능하다.

그러한 관점에서 비교의 틀로서 Halliday et al.(1964: 113)은 모든 언어비교의 기술이 다음 3단계를 거쳐야 한다고 제안하였다. 그 첫 번째 단계는 언어의 비교할 해당 부분을 각 언어에서 따로 기술한다. 두 번째 단계에서는 비교가능성을 확인한다. 즉 두 언어의 해당 부분을 서로 직접 비교하기 전에, 우선 번역을 통하여 그들이 비교가능한가를 타진한다. 이때 번역을 통한 문맥상의 대조로 등가의 관계를 결정하고, 형식적인 등가로 등가관계에 있는 대상들이 그들의 언어구조에서 어떤 위치를 차지하게 되는지, 그들이 일치하는 또는 구별되는 방법으로 기능을 하고 있는지 알아본다. 세 번째 단계는 비교분석 자체가 이루어지는 단계이다.

Helbig(1975: 171–176)는 개별언어의 기술에 있어서 동일한 전문용어를 사용하는 전문용어적 비교가능성, 동일한 방법을 적용하여야 하는 방법론적 비교가능성, 동일한 이론적 토대위에서 기술이 이루어져야 하는 이론적 비교가능성을 제시하였다. 이 세 가지 기제로 언어체계에 있어서의 대조점은 다음과 같다. 전문용어적 비교가능성을 예로 들면, 음성·음운차원에서는 자음과 모음음소의 수, 이들의 변이음, 음절 음운규칙을 들 수 있고, 형태차원에서는 품사범주, 접두사, 접미사, 어간과 같은 형태론적 특성, 단어형성과 파생어와 파생원리를, 통사차원에서는 정치, 도치, 외치와 같은 어순, 신정보와 구정보의 배치방식 등을, 담화분석의 대조분석이라면 담화체계를 대조의 관점에서 연구하는 것으로, 개별언어가 여러 언화행위에 있어서 어떻게 기능하고 각 텍스트자질이 출발언어 화자들에 의해 목표언어에서 어떻게 실현되는가가 그 비교가능성에 있어서 대상이 될 것이다. 방법론적 비교가능성에 있어서는 어떠한 절차와 방법에 의한 것인가 하는 문제이며 동일한 대조분석절차를 적용하고, 가령 코퍼스를 어떤 변수와 기법을 동원하여 분석하는가가 될 것이며, 이론적 비교가능성에는 생성문법과 구조주의 언어학적 접근방식으로 비교가능성을 이룬다 할 것이다.

2.3. 대조분석의 새로운 역할과 과제

2.3.1. 대조분석과 오류분석

대조분석에 있어서 오류는 모국어의 전이현상에 의한 간섭의 결과로 나타나며, 전이는 긍정적 전이, 부정적 전이, 무전이와 같이 세 가지 유형으로 구분된다(Brown 1980: 150). 긍정적 전이란 목표언어

습득과정에서 모국어에 일치하는 목표언어의 구조는 전이현상이 신속하고 학습이 용이하도록 긍정적인 역할을 하는 경우이다. 부정적 전이는 모국어와 목표언어가 특히 대조되어 있는 영역에서 학습상의 난점과 오류로 나타나게 되며, 따라서 간섭현상을 초래하게 된다. 무전이는 목표언어와 모국어에 있어서 도움이 되거나 해가 되는 경우를 찾아볼 수 없는 경우이다. 따라서 여러 전이 가운데 목표언어 학습에 있어서 특히 부정적으로 전이되어 나타나는 간섭이 바로 오류가 된다.

출발언어와 목표언어의 대조분석은 두 개별언어의 제반 언어영역에서 공통점, 유사점, 차이점을 확정하고 거기에서 잠재적인 오류를 예측하는데 도움이 될 뿐 아니라, 사후적인 결과를 근거로 오류를 방지하려 함에 따라, 대조분석은 오류분석에 대한 전경적(foreground)인, 그리고 배경적(background)인 역할을 한다.

오류의 원인을 규명하는 접근방법에 있어서 오류가 다름 아닌 모국어의 간섭에 의해서가 아니라 목표언어 자체에서의 간섭 때문에 생긴다는 오류분석과 의사전달 능력에 관심을 가지는 중간언어가설 등, 대조분석이론을 반박하는 여러 오류분석이론이 등장하여 대조분석이론은 많은 비난을 받게 되었다. 외국어 학습시의 오류는 모국어 습관의 간섭을 나타내지만 그렇지 않은 부분도 많으며, 외국어 자체 내의 간섭현상과 같은 어려움도 있기 때문이다. 오류발생의 변수로서 전이요소뿐 아니라 Richards & Sampson(1974: 3-18)이 제시한 목표언어 자체의 간섭, 사회언어학적 환경, 연령, 학습자가 가지는 목표언어 능력의 불확실성, 난점의 공통적 체계, 학습양상 등 다양한 요인 가운데 가장 많이 거론되는 대표적 요인 두 가지는 언어

간의 차이에서 오는 것과 언어 내적인 것으로 분류된다. 전자의 경우가 바로 대조분석에서 가장 중요시된 모국어로부터의 전이로 인한 오류이며, 후자는 이미 익힌 목표언어의 규칙을 과잉적용한 결과로 나타나는 오류라고 할 수 있다.

오류란 외국어를 학습하는 과정에서 발생한다. 외국어학습자가 사용하는 오류가 실현되는 외국어로서, 이를 가리켜 중간언어라고 한다. 중간언어란 불안정한 과도기적 성격을 가진 언어로, 모국어에서 목표언어에 이르는 중간에 걸쳐 있어서 양자에 교차하고 있는 부분을 뺀 독자적인 언어체계이기 때문에, 개인특유의 방언이라 할 것이다. 중간언어는 대체로 학습자의 모국어, 목표언어 및 그 외의 기존 언어지식이 복합된 형태로 나타나며, 학습자의 학습정도에 따라 항상 유동적으로 변화하지만, 그 나름대로 일정한 체계를 가지고 있다(Corder 1981: 56). 제 2언어학습자에게 나타나는 중간언어 형성요인으로, 배경언어에 기인하는 전이와, 둘째, 목표언어 자체에서 기인하는 언어내적 간섭, 셋째, 배경언어와 중간언어 사이에 발생하는 중간규칙 등으로 대별할 수 있는데, 여러 요인들 중에서도 배경어의 언어형식이 목표언어로 부정적으로 전이되는 것은 중간언어의 형성에 작용하는 주요 요인이 되고, 이것이 부정적 전이의 전형이 된다.

대조분석은 두 언어의 구조를 정지된 상태에서 비교를 하지만, 오류분석은 발생 원인에 대하여 두 언어의 구조적 차이는 물론, 학습자의 심리, 사회언어학적 요인 등 다방면에서 분석을 시도하기 때문에, 보다 포괄적이며 동적인 방법이라 하겠다. 하지만 대조분석과 오류분석은 서로 배타적 관계나 대치관계에 있지 않고, 상호보완적 관계를 유지해야 하는 점을 강조할 필요가 있다(변광수 1987: 2). 따라서 대조분석은 주로 언어간 차이에서 생기는 오류를 다루고, 오류분석은 주로 목표언어 자체에 대한 불확실한 지식에서 오는 오류를 다룸에 따라, 대조분석과 오류분석은 상보적 관계에 있다고 볼 수 있을 것이다.

한편 외국어학습시에 나타나는 오류들 중에서 어떤 오류는 모국어가 미치는 전이현상에 의해서가 아니라, 서로 다른 모국어의 배경을 가진 학습자들에게도 규칙적이고 유사한 경우도 있다. 실제로 학습자가 느끼는 난점이나 범하는 오류가 반드시 대조분석에서 드러난 차이점과 일치하는 것은 아니다. 외국어 학습 중에 나타나는 규칙의 과일반화와 단순화는 공통적으로 발견되는 책략이다. Oller & Ziahosseiny(1970)의 연구는 다른 문자를 사용하는 언어를 모국어로 하는 영어학습자들을 대상으로 철자능력을 측정한 결과, 서양의 학습자들의 오류가 로마 문자를 사용하지 않는 동양의 학습자들의 오류보다 많았음을 발견하였다. 이에 대한 해석으로 차이가 너무 뚜렷하기 때문에 그것을 보다 쉽게 감지하여 기억 속에 저장해 두고, 차이점이 학습의 난점으로만 작용하는 것은 아니다. 이러한 경우에 제2언어학습에서 언어간 오류 못지않게 많은 요인이 되는 언어내적 오류의 중요성을 과소평가하게 되는 것이고, 한 언어에 존재하고 있는 형태는 모국어와 목표언어간의 큰 차이에 비하면 최소한의 차이라고 생각되지만, 언어내적 요인도 부분적으로는 학습상의 난점이 될 수 있는 것이다(Brown 1980: 159).

미국을 중심으로 한 일부 국가에서 발전한 오류분석에 의하면, 학습자의 모국어가 무엇이건 학습상의 난점은 항상 동일하므로, 대조분석에서 보여주는 학습의 난이가 언어 간에 있을 수 없다고 한다.

그러나 대조분석에서의 명확한 사실은 모국어가 목표언어 학습에 영향을 주는 것은 부인할 수 없고, 언어구조적인 차이에 의한 모국어의 전이로서 간섭현상이 일어난다는 점이다. 물론 문화의 측면에서의 유사성이 상승효과를 유발하겠지만, 우리의 경험상 일본어를 배우는데 있어서 미국인보다 한국인이 더 쉽게 배운다는 사실은, 오류분석의 주장과는 다르게 확실히 언어 간의 난이도가 존재한다는 대조분석의 가설이 옳다는 증명이 된다. 이 점에 대하여 Corder(1978: 27-36)도 언어 간의 거리와 학습의 난이도와 관련하여, 외국어를 배운다는 것은 그 언어에 대하여 얼마나 알고 있는가를 알아내서 많이 알고 있는 만큼 습득하기가 용이하다고 하면서 이러한 점을 인정하였다. 이렇게 제 1언어와 제 2언어 사이의 유형론적 차이점의 강도는 비례적일 수밖에 없는 것이다(Rein 1983: 30).

오류의 원인이 어디에서 비롯된 것이건 문어 상 또는 구어 상으로 표현이 된 언어적 자료인 코퍼스, 즉 학습자 코퍼스는 중간언어 발달에 대한 정보를 제공해 줄 수 있는데, 학습자들이 저지르기 쉬운 전형적인 오류들을 파악하여 분류하고, 또 원어민들에 비해 더 많이 사용하거나 덜 사용하는 자질들을 밝히는 등, 어떤 영역에서 가장 원어민과 다른 언어 수행을 보이는지를 밝혀냄으로써, 이러한 부분에 교육을 집중할 수 있는 효과가 있다(오선영 2004: 23).

이때 학습자들이 만들어내는 코퍼스, 즉 학습자의 중간언어가 표현된 코퍼스를 중심으로 대조분석을 하여 학습자의 오류를 규명할 수 있다. 그 오류들을 규명하기 위해서, 전용소프트웨어나 분석목적에 맞게 커스터마이징된 소프트웨어를 사용할 수 있다. 특히 NLPTools의 많은 기능들을 코퍼스분석에 활용하여 코퍼스 분석을 할 수 있다.

이용훈(2007: 14-15)에 따르면, NPTools는 자연언어처리에 필요한 여러 가지 도구들을 모아 놓은 소프트웨어를 말하고, 다음과 같은 특징을 가진다. 첫째, 영문 및 국문 텍스트의 빈도수 측정이나 용례(concordance), 연어(collocation) 분석을 비롯하여 코퍼스분석에 필요한 기본기능을 가지고 있다. 둘째, 모든 기능들이 모두 모듈화되어 독립적인 분석이 가능하다. 셋째, 모든 입력파일들뿐만 아니라 모든 도구들의 출력파일, 또한 일반텍스트파일의 형식을 가지고 있어 호환성이 크다. 넷째, 코퍼스의 분석에 필수적인 세 가지 주요기능으로 빈도수측정기, 용례/연어, 영어태거(English tagger)를 포함하고 있다. 다섯째, 영어자동 태깅시스템을 통해 품사정보와 어휘정보를 제공함으로써, 텍스트분석을 용이하게 한다.

마지막으로 주어진 텍스트에 잘 맞는 맞춤형 태깅사전을 구축할 수 있다. 학습자들의 코퍼스, 그리고 원어민의 코퍼스와 외국어학습자의 코퍼스를 대조분석함으로써, 해당오류들의 빈도분석, 추세분석, 시계열분석을 통하여 오류의 원인과 - 언어 간 간섭에 의한 오류인지 언어내적인 오류인지 - 빈도를 파악 및 추적할 뿐만 아니라, 중간언어에서 목표언어로 접근하는 전 과정을 모니터링 할 수 있을 것이다.

2.3.2. 대조분석과 코퍼스언어학

언어학 연구에 있어서 코퍼스는 발화의 물리적 자료들이라 할수 있다. 그런데 이 자료들은 오류를 포함하고 있으며, 따라서 이상적인 언어능력과 언어수행을 목표로 하는 생성문법의 관점에서는 언어

자료로서 만족스럽지 못한 것으로 간주되었다. 그러나 전산의 발전으로 대량의 자료의 신속한 처리가 가능하게 되었고, 언어학에 있어서도 전산을 통하여 방대하고 체계적이고 객관적인 자료처리가 가능하게 되어, 코퍼스언어학도 이러한 맥락에서 발전을 하게 되었다.

텍스트 검색소프트웨어가 세련되고 컴퓨터조판, 워드프로세싱, 자동 자료캡쳐와 CD-ROM 광학디스크의 발전과 더불어, 컴퓨터 하드웨어의 저장과 처리능력이 증가됨으로써, 코퍼스의 급속한 팽창이 있게 되었다(Laviosa 2006: 7). 이는 대조분석이 광범위한 코퍼스를 바탕으로, 전산에 기반을 둔 대량의 자료처리를 통해 가설입증이나 이론정립에 활용할 수 있었던 것을 뜻한다. Granger et al.(2003: 18)에 따르면 대조분석을 급부상하게 한 요인으로, 외국어교육에서의 대조분석의 유용성, 당시에 있어서 다른 언어와 문화 간의 소통증대 외에, 코퍼스언어학과 자연언어 처리가 급격한 발전을 이루었기 때문인 것으로 보았다.

코퍼스언어학을 일반언어학내의 독립된 분과학으로 특징짓는 것은, 그의 특정한 방법론도 아니고 연구대상의 특별한 성격도 아니라, 상호의존적이며 동등하게 중요한 자료, 기술, 이론, 방법론의 통합에 기반을 둔 고유한 언어연구 접근법이다. 이들이 상호관계는 코퍼스의 제작, 발견, 가설, 구성, 테스트, 평가를 포함하는 연속적인 과정으로 나타난다(Laviosa 2006: 8). 이러한 연속적인 과정을 통해서 산출이 된 객관적 자료는 다시 입력자료로 활용이 되어 제반 언어현상을 반영하는 언어이론 정립에 기여를 하게 되는 것이다.

대조분석의 관점에서 볼 때에, 코퍼스, 특히 병렬코퍼스는 영어와 다른 언어들 간의 대조분석을 용이하게 하며, 번역이론의 발전을 진전시키고 외국어 교육을 향상시키기 위하여 만들어졌다. 코퍼스를 분석하기 위해 문장을 정렬하고 다양한 종류의 검색을 수행하기 위한 소프트웨어가 개발되었고, 예를 들어 'as it were'라는 영어표현을 검색할 때에, 이 표현을 포함하고 있는 모든 문장과 이 표현의 번역을 포함하고 있는 문장의 목록을 얻을 수 있으며, 이러한 분석이 가능한 것은 대조분석을 통해서인 것이다(Meyer 2002: 23).

초창기 병렬코퍼스 중의 하나인 'English-Norwegian Parallel Corpus'에서는 가령 'as it were'와 같은 영어표현을 검색하면, 이 표현을 포함하고 있는 모든 문장과 이 표현의 노르웨이어 번역을 포함하고 있는 문장의 목록이 다음과 같이 제시되는데 이와 같은 방식으로 코퍼스를 기반으로 한 많은 대조분석이 가능하다(Meyer 2002: 23).

⟨s id=FW1.4.s153 corresp=FW1T.4s154⟩She took a swig of whisky and tried to relocate herself, as it were, in her own skin.⟨/s⟩ ⟨s id=FW1T.4.s154 corresp=FW1.4s153⟩Hun tok seg en god slurk med whisky, og prøvdeågjenfinne seg selv liksom, i sitt eget skinn.⟨/s⟩ (Johansson and Ebeling, 1996: 6)

자료에 가공이 주어지면 정보가 된다. 개별언어의 방대한 객관적, 물리적 자료가 코퍼스인데, 소프트웨어의 도움을 받아 분석하고자 하는 분석자의 관점과 조건에 따라, 두 개별언어의 음운, 형태, 의미, 통사, 화용 등 제 차원의 전산화된 코퍼스를 분석할 수 있다. 분석자의 의도에 따른 가공과정을 거쳐 어떤 결과를 도출하였을 때에 이것이 정보로서의 가치를 지니며, 이 정보가 번역의 용도, 외국어 교육 등의 의도대로 활용이 가능하게 된다.

외국어교육을 위한 목적의 코퍼스를 예로 들면, 'International Corpus of Learner English(ICLE)'가 있다. 현재 길이가 2백만 단어이상으로 외국어로 영어를 학습하는 14개의 서로 다른 언어적 배경을 가진 학생들이 쓴 500단어 길이의 에세이로 이루어져 있다. 이러한 학습자 코퍼스를 바탕으로 해서 대조중간언어분석이 이루어진다. 예를 들어, 프랑스어 원어민화자가 영어를 학습할 때 발전시키는 중간언어와 다른 제 1언어배경을 가진 개인들이 발전시키는 여러 중간언어들의 구조를 비교하는 데에 이 코퍼스가 이용되는 것이다(Meyer 2002: 26).

정보기술이 하드웨어에서 소프트웨어로, 소프트웨어에서 콘텐츠의 개발로 급속도로 옮겨가고 있다. 따라서 이러한 작업의 짐은 전자공학자에서 전산과학자로, 전산과학자에서 인문, 사회과학자에게로 옮겨가고 있다(이기용 2001: 83). 사실 오늘날 전산환경은 초창기 DOS환경에서 GUI, 즉 사용자가 사용하기에 편리한 환경으로 변화하였다. 또한 프로그래밍 환경은 CASE(computer aided software engineering)를 비롯하여, 제 4세대언어, 즉 'Go to less' 언어로서 전문 프로그래머가 아니어도 사용하기 쉽고 빨리 프로그래밍을 할 수 있는 프로그래밍 언어로 바뀌었다. 'Go to less'란 흐름도에 있어서 각각 다음의 프로세스를 화살표를 이용하여 다음 단계를 지시하는 것이 'go to'구문이라 할 때에 go to가 less, 즉 적다는 것은 그 만큼 CBD(Component-based development), OBD(Object-based development)와 같이 프로그래밍이 간소화되어 사용자 중심이라는 의미이다.

이렇게 콘텐츠 소유자와 사용자에 의한 전산의 생산성과 활용성의 증대를 통한 대조분석의 영역은 확장이 가능한 것이다. 이기용(2001: 84)에 따르면, 대조분석의 새로운 영역에 대하여 컴퓨터는 문서(글)

로 표현된 정보뿐 아니라 음성언어(말)로 전달되는 정보도 다루게 됨에 따라, 독일과 일본 정부의 지원으로 스탠포드 언어정보연구소를 중심으로 개발되고 있는 Verbmobil과 같은 휴대용 통역 시스템을 개발하는 데에 문법학자들뿐 아니라 음성학자와 음운론 학자들이 대거 참여하고 있고, 이러한 시스템 개발에 바로 대조분석을 필요로 한다고 하였다. 또한 예를 들어, 대역 코퍼스를 구축한다 하더라도 두 언어의 코퍼스만을 서로 나열하는 것으로 그치지 않는다. 두 언어 중, 어느 언어가 대상 언어가 되며 어느 언어가 참조 언어가 되는지 결정되어야 하고, 그 결정이 어떻게 되느냐에 따라 대열 코퍼스의 구조와 내용이 달라질 수 있었다. 이러한 작업에 필요한 이론적 틀뿐 아니라 실제적인 지침을 제시할 수 있는 것이 대조분석이라고 하였다.

강범모(2003: 15)는 "언어연구에서 컴퓨터의 이용이 가치있는가?"라는 질문에서 첫째, 연구의 범위와 관련하여 데이터의 양이 얼마만큼인가? 수작업을 하는데 얼마나 시간이 걸릴 것인가? 둘째, 전자 자료의 이용가능성을 고려한다. 필요한 데이터가 이미 전자형태로 존재하는가? 셋째, 기존 소프트웨어의 유용성에 대해 질문한다. 즉, 현존하는 소프트웨어가 있는가? 넷째, 연구를 위해서 소프트웨어의 개발의 필요가 있는가? 라는 4개의 문제를 제시하였다. 이러한 질문에 대하여 차례로 살펴보면, 데이터의 양이 늘어날수록 수작업보다는 컴퓨터를 통한 처리가 더 빠를 것이다. 다만 그 코퍼스의 양에 있어서 전수조사가 아니라면 샘플이 전체를 잘 대표할 수 있는 정도의 자료량은 있어야 한다. 그리고, 오늘날 대부분의 자료는 디지털화되어 있다. 각종 신문, 잡지를 비롯한 출판물, 보고서, 인터넷에 산재한 자료들은 좋은 코퍼스가 된다. 가령, 한국어의 구어와 미국

영어의 구어를 대조분석할 때, KBS뉴스의 대본과 미국의 ABC뉴스의 대본을 코퍼스로 하여 분석자가 원하는 변수와 조건을 통하여 대조분석이 가능할 것이다. 소프트웨어에 있어서도 언어분석을 위한 전용소프트웨어뿐만 아니라, CASE가 있음으로 쉽게 개발할 수도 있다. 따라서, 대조분석에서 전산은 필수적인 요건이 되고, 또한 코퍼스언어학 내지는 전산언어학에 기반을 둔 대조분석은 충분한 자료와 조건을 구비하였다고 볼 수 있는 것이다.

2.4. 끝맺는 말

구조주의에 근거한 대조분석에 따르면, 외국어 학습시에는 모국어의 간섭현상을 회피할 수 없고, 학습자가 모국어의 영향을 받을수록 그 어려움이 커지는 간섭현상을 극복하기 위하여, 모국어와 목표언어간의 차이점에 관한 정확한 정보를 제공하기 위한 것이 대조분석이었다.

따라서 구조주의시대에서 태동한 대조분석이 쇠퇴기를 거치면서도, 나름의 역할을 수행하면서 초기의 버전을 벗어나는데 결정적 기여를 한 것은, 하드웨어와 소프트웨어를 비롯한 눈부신 전산의 발전이다. 수많은 언어적 자료를 분석하는데 컴퓨터를 이용함으로써 대조분석도 새로운 버전으로 전환되고 있다. 이러한 맥락에서, 본 장에서는 대조분석의 위상, 대조분석과 오류분석, 대조분석에 있어서의 비교가능성과 등가, 코퍼스언어학에 있어서의 대조분석의 역할을 살펴보았다.

제3장

대조분석과
번역에 있어서의 등가

3.1. 시작하는 말

이 지구상에는 3,000종 이상의 언어가 있다고 하지만, 나이를 밥처럼 먹는다고 하는 민족은 아마 우리 밖에 없을 것이다. 한국어에서는 음식이나 시간을 먹을 뿐만 아니라 마음도 먹는다. 마음만 먹으면 무엇이든 먹을 수 있다. 돈도 먹고 욕도 먹고 챔피언을 먹기도 한다. 어디에서든 먹는다는 말은 다 통한다. 심리 면에서는 '겁먹고', '애먹는다'고 하고, 언어소통 면에서는 '말이 먹힌다', '안 먹힌다'고 하고, 경제 면에서는 또 경비가 '얼마 먹었다'고 한다(이어령 2006: 15). 가령, 심리, 언어소통, 경제 면에서 사용되는 '먹다, 먹히다'라는 단어를 번역 시에 영어로는 'eat', 독일어로는 'essen'으로만 옮기게 되면, 올바른 번역이 될 수는 없을 것이다. 독일어에만 있고 영어에는 없는 호

칭에 쓰이는 동사로 'Siezen'과 'Dutzen'이 있는데, 영어의 'you'에 대하여 번역을 할 때에 언제 'Sie'를 쓰고 언제 'du'를 쓸 것인가 하는 것은, 단순히 언어적인 요소만으로는 번역될 수가 없다. 한 가지 더 예를 들어 보자. 우리가 그저 젓가락이라고 명명하는 물건도 한국과 중국, 일본의 것이 각각 다르다. 중국의 젓가락은 밥도 쉽게 먹을 수 있도록 삼국의 젓가락 중에서 가장 굵고 길다. 일본의 젓가락은 생선 뼈를 잘 추릴 수 있게끔 끝이 뾰족하다. 한국의 젓가락은 그 중간의 성격을 지닌다. 젓가락에서도 그 지리적, 문화적 특성을 느낄 수 있다. 이처럼 젓가락을 두고서도 서로 다른 문화적 배경을 가짐으로써 그 언어적 번역이 각각 중국어와 일본어로 '筷子(kuàizi)', '箸(はし)'가 되지만, 그 용도와 모양과 문화가 서로 다름에 따라 완벽한 번역이 이루어 질 수는 없는 것이다. 이와 같이 젓가락의 용도와 모양에 있어서도 삼국의 단어의 의미에서 이득과 손실이 일어나듯이 출발언어에서 목표언어에 이르는데 굳이 'les belles infidels(unfaithful beauties)'의 의도가 없다 할지라도, 원래 이들 간에는 절대적으로 동일한 의미는 존재하지 않는다.

그래서 올바른 번역을 위해서는 출발언어와 목표언어에 있어서 음성·음운, 형태, 의미, 통사 등 언어학적 관점에서 이루어지는 번역 차원에서의 등가를 넘어, 출발언어와 목표언어의 텍스트를 단순한 언어기호의 총체 대 총체로 대응시키는 것이 아니라, 의사소통의 목적을 지향하는 가운데 화용 심지어 문화적 요소를 포함한 다양한 유형의 등가를 수용할 필요가 있다.

본 장에서는 대조분석과 번역의 유사점과 차이점, 번역이론과 관련하여 번역의 개념과 정의, 번역의 목적 그리고 번역에 있어서 중요한 개념인 등가에 대해서 살펴본다. 다음으로는 대조분석과 번역에 있어서의 분석방법과 절차, 그리고 대조분석과 번역의 관계를 살펴보고 본 장의 핵심으로서 대조분석에 있어서의 등가개념인 대응과 번역에 있어서의 번역 등가의 비교, 그 각각의 역할과 상호관계에 대해서 검토하고 하고자 한다.

3.2. 대조분석과 번역의 유사점과 차이점

대조분석과 번역에 있어, 대조분석은 두 개별언어의 차이점과 유사점을 분석하는데 번역을 이용하는 것이며, 번역은 등가를 통하여 의미가 가장 유사한 등가물을 추구하는 것이다. 번역은 오늘날 학문의 영역에서건 일상생활에서건 우리와 밀접한 관계를 가지며, 번역을 통한 정보의 교류는 실제로 지대하다. 번역이 하나의 학문으로서도 자리매김을 한 지 이미 오래이며, 이는 번역학 차원을 넘어서서 전산의 발전과 결합하여 기계번역, 자동번역에 대한 관심과 연구에도 역시 중요한 의미를 가진다.

번역에 대한 관심의 고조는 다음의 네 가지 사항과 관련이 깊다. 첫째, 번역, 특히 전문용어의 번역은 언어 간의 통신매체로서 중요한 의의를 갖게 되었다. 둘째, 자동기계번역의 발전수준은 현재로서는 완벽하지 못하지만, 질적으로 충족된 번역을 하는데 결정적인 요인인 언어내적 맥락, 다시 말해서 텍스트에는 나타나지 않았으나 그 텍스트의 전체적인 의미를 파악했을 경우에만 알 수 있는 문맥과 언어외적 맥락의 문제를 어느 정도 해결할 수 있다. 셋째, 현대언어학의 이론은 Humboldt에 바탕을 둔 Weisgerber의 세계상(Weltbild) 이론과 Sapir-Whorf의 가설과는 무관하게 전개되었다. 넷째, 언어비교에 관한 관심이 커졌다. 다시 말하면 공시적-기술적인 언어비교에 관한 연구가 활성화되었다(김윤한 1987: 498).

번역이란 서로 다른 개별언어의 기호체계가 관련되는 의사소통과정으로 그 의사소통과정에서 교환되는 변환된 메시지로서 중요한 의의를 가지는 것이다. 자동기계번역에서는 현재 맥락상, 상황상의 애매성과 중의성을 완벽히 해결하지는 못하지만, 대용량 데이터베이스에 저장된 방대한 자료와 검색기능의 도움으로 맥락상의 애매성과 모호성이 극복되는 과정에 있다. 현대언어학 이론이 Whorf와 Weisgerber의 가설과는 무관하게 전개되었다는 말은 Humboldt에 근거한 언어상대성의 관점에서 보면 번역이 불가능하다는 것인데, 이러한 사조와는 달리 현대언어학의 이론이 전개되었다는 의미로 해석이 된다. 김효중(2002: 40)에 따르면, Whorf와 Weisgerber의 이론에서는 인식과정에서 언어의 역할은 과대평가되고 사고의 역할은 과소평가되었고, Lenneberg(1972: 456)에 의하면, 인식기능은 언어보다 본질적으로 이전의 과정이며 언어의 인식에 대한 의존성은 그 반대의 경우보다 훨씬 더 강력하다고 하였고, 언어와 사고의 인과관계와 직접적 의존관계를 가정한다는 것은, 언어와 사고 사이의 매우 복잡한 제한적 관계와 언어와 무관한 인간 인식능력의 보편적 특성을 고려하지 않은 결과라고 하였다. 따라서 인간 인식능력의 보편적 특성이 바로 번역을 가능하게 하는 것이라고 볼 수 있다.

언어의 대조분석과 번역은 두 언어의 여러 가지 구조단위와 그 전환관계를 언급해야 하기에, 번역활동과 그 완제품은 대조연구에 풍

부한 소재가 될 수 있다. 대량의 번역문과 원문에 근거하여 체계적 대조분석을 하면, 두 언어의 통사구조, 의미구조, 화용구조 등에서의 특징과 대응조건을 하나하나 명확히 밝힐 수 있다.

번역이 대조분석의 도구로 쓰인 반면, 대조연구는 번역의 실제에서 체계적 지식을 제공해 줄 수 있고 번역이론 설정과 예문 증명에 많은 도움이 되며, 나아가 번역패턴 및 기계번역 프로그램에도 어느 정도 구체적 근거를 제공해 줄 수 있다. 대조언어학은 번역이론의 직접적인 이론기초가 된다. 결국 번역은 하나의 특수한 상황에서의 대조로 볼 수 있고, 대조묘사언어학 또한 번역이론을 포함시킬 수 있다(백수진 2003: 59). 위의 언급을 살펴보면, 비교의 대상이 되는 두 개별언어가 있다 할 때에, 등가정보의 유무를 확인하기 위해서 일정한 기준 하에 번역을 하여야만 대조분석이 가능해지고, 대조분석을 통해서 번역이 가능해지는, 닭이 먼저인지 달걀이 먼저인지와 같은 순환논리에 빠질 정도로 불가분의 관계를 가지고 있다.

대조분석과 번역은 두 개별언어라는 분석대상은 같지만 그 목표와 방향은 다르다. 번역은 등가를 찾는데 목표가 주어져 있다. Ebneter (1976: 219)에 따르면 등가란 두 개의 서로 다른 언어에 속하는 형태나 연쇄가 각각의 언어체계 내에서 유사한 위치가를 가진다는 일반적인 의미로 이해될 수 있으며, 그래서 대조적 비교란 이와 같은 등가의 영역에 있어서만 가능하다고 하였다.

Koller(1983: 183)에 따르면, 번역에서는 등가(Äquivalenz), 대조언어학(contrastive linguistics, Kontrastive Sprachwissenschaft)에서는 대응(Korrespondenz)라는 용어로 구분이 된다고 하였다. 번역학은 등가의 조건들을 연구하고 두 개의 개별언어에 있어서 번역등가의 기준이 유효한 발화와 텍스트의 병렬을 기술한다. 그래서 번역학은 빠롤(parole)의 학문이다. 대조언어학은 이와는 반대로 대응의 조건과 전제를 연구하고 대응하는 구조와 문장을 기술한다. 대조언어학은 랑그(langue)의 학문이다. 언어형식 평가에 있어서도 번역이론과 대조언어학은 차이가 있다. 대조분석은 두 개별언어의 여러 측면, 음성, 음운차원, 형태, 통사, 담화 등의 차원의 특성 및, 공통점과 차이점, 특히 차이점에 중점이 주어진다. 이 역시 공통점과 차이점을 분석할 때 그 방법론적으로 번역을 통하여 대조분석이 가능하기도 한 것이다.

번역의 관점에서는 번역이라면 최소 2개 이상의 개별언어가 개입이 될 것이고, 따라서, 공히 대조분석이든 번역이든 두 개 이상의 개별언어의 개입은 논리적으로 당연하다. 이 출발언어의 단어, 구문, 통사, 의미적인 대조를 통하여 목표언어에서의 비교가능성이 있는 등가를 통한 의미를 도출할 것이며, 대조분석의 관점에서는 번역을 통한 등가를 통해서 유사한 의미를 지닌 언어구성요소를 찾아 이들에 대한 대조분석을 시도하여, 언어 간 유사점과 차이점을 추구할 것이기 때문이다. 그래서 대조분석과 번역은 그 대상에 대한 분석방법과 접근방법에 있어서 많은 공통점을 지니며 상호보완의 성격을 지닌다.

Munday(2008: 8-9)는 대조분석이 번역연구를 지원하는 등 유용하다 할지라도 사회문화적, 화용론적 요소를 수용하지 못하였고, 의사소통 행위로서 번역의 역할도 수용할 수 없었지만 대조분석에서의 일반적인 언어학적 접근방법과 생성문법 또는 기능주의 문법과 같은 특정한 언어학적 모델의 끊임없는 수용은 번역과의 본유적인 연관성을 입증하여 왔다고 하였다. 대조분석은 응용언어학 차원에서 언어

간 보편소를 추구하는 이론언어학으로서의 정체성뿐 아니라 응용언어학의 기제로서 과거의 음성·음운, 형태, 의미, 통사의 차원을 비롯하여 담화분석과 문화적 요소도 수용하여 다각화를 추구하였다(서정목 2009a: 74). 특히 번역작업에 대한 검증에 반드시 필요함으로 대조분석은 새로이 포지셔닝을 하게 되었으며, 코퍼스번역을 비롯한 번역의 제 영역과 코퍼스언어학에 있어서 병렬코퍼스의 분석수단으로 그 외연을 확장할 수 있게 된 것이다.

3.3. 번역이론

3.3.1. 번역의 개념과 정의

Cassell's 'German-English / English-German Dictionary'에서 'translation'을 찾아보면 'Übersetzung', 'Übertragung', 'Versetzung'으로 제시되어 있다. 독일어의 어원상 'über(over)'해서 'Setzen(set)'을 'ung(ing)'한다는 뜻이다. 영어의 어원에 따르면 'trans', 'transfer', 'transport'에서의 'trans'의 의미일 것이다. 그래서 무엇인가를 '옮긴다'는 의미로서 한 언어에서 다른 언어로의 변이, 전이, 넘김이라는 것을 의미한다고 보아야 할 것이다. 번역과 관련하여 Öttinger(1960), Catford(1965), Winter(1961), Nida & Taber(1969), Wilss(1977), Jäger(1975)들의 정의를 살펴보면 다음과 같다(Koller 1983: 108-114). Öttinger(1960: 104)는 "번역이란 기호나 표현을 다른 기호나 표현으로 변형하는 과정으로 정의했으며, 원본이 의미를 가진다면 그 이미지도 또한 일반적으로 동일한 의미 또는 보다 더 현실적으로는 가능

한 한 거의 동일한 의미를 가질 것을 요구한다"는 것이다. Catford
(1965: 20)에 따르면, "번역이란 언어들에 의해 수행되는 작업으로 한
언어로 된 텍스트를 다른 언어로 된 텍스트로 대체(substituting)하는
것이고, 출발언어에서의 텍스트 자료들이 목표언어에서 등가의 텍
스트 자료에 의해 대체(replacement)되는 것"이라고 하였다.

　Winter(1961: 68)에 따르면, "번역이란 우리 주위와 우리 내부의 우
주의 부분들에 대한 해석의 공식화를 가능한 한 등가의 다른 공식화
로 대체(replace)하는 것"이다. Nida & Taber(1969: 12)는 "번역한다는
것은 수신자언어에서, 출발언어에서 처음에는 의미의 관점에서, 두
번째로는 문체의 관점에서 가장 가까운 자연스러운 등가를 재생산
(reproducing)하는데 있다"고 하였다. Wilss(1977: 72)는 "번역이란 출
발언어의 텍스트로부터 가능한 한 등가의 목표언어의 텍스트로 인
도(hinüberführen)하는 것이며, 텍스트의 내용상의 그리고 문체상의
이해를 전제로 하는 텍스트 가공(Verarbeitung)과 텍스트 재언어화
(Reverbalisierung)과정"이라고 하였다. 끝으로 Jäger(1975: 36)에 따르
면, "번역의 본질은 의사소통을 확실히, 더욱이 가령 한 언어 L_A의
한 텍스트의 의사소통적 가치가 기호변환(Umkodierung)시에, 예를
들어 다른 언어 L_B속에 유지되도록 해서 L_A와 L_B의 텍스트가 의사소
통적으로 등가가 되어 다른 의미의 언어전달과 구분되는 특별한 방
법으로 의사소통을 확실히 하는데 있다"는 것이다. 지금까지 언급된
제 학자들의 번역에 대한 견해를 종합해 보면, 한 언어에서의 기호나
표현을 다른 언어로 전환하는데 원래와 동일한 의미, 적어도 유사한
정도의 의미를 유지하는 범위에서의 전환을 뜻한다. 이때 영어로 된
정의에서는 'replacement', 'substitution', 'reproducing', 독일어에

는 'Reverbalisierung', 'Umkodierung', 'hinüberführen' 등 변환, 전환, 대체의 의미를 가진 단어들이 제시되었는데, 이것이 번역에 있어서 전환의 의미를 잘 시사하는 것이다. 아울러 Nida & Taber(1969: 12)에 있어서는 처음에는 의미의 관점에서, 두 번째로는 문체의 관점에서 가장 가까운 자연스러운 등가, Wilss(1977: 72)에 있어서의 텍스트 재언어화과정, Jäger(1975: 36)에 있어서의 의사소통적인 가치 및 등가는 번역에 있어서 언어적 차원의 의미 등가뿐 아니라, 텍스트상에 있어서, 의사소통차원에 있어서 의미등가를 보여주는 것이다. 이는 소쉬르에서 제시된 언어의 사회적 표준규범으로서의 랑그와 개인적 언어사용으로서의 빠롤의 개념과도 무관하지 않다.

번역이 두 개의 정적인 랑그에 근거한 동적인 행위로서 랑그에 대한 지식은 번역의 전제가 되고, 그 바탕 위에 개개의 실제 상황에서의 응용이 이루어진다. 그리고 랑그는 언어행위를 할 때의 자원, 빠롤을 위해서 이용할 수 있는 하나의 커다란 자원이라는 것(김한식 외 역 2007: 25)은 바로 랑그와 빠롤에 있어서 번역의 관계를 잘 설명해 주는 것이다. 다시 말해 랑그는 언어사회에 있어서의 규범적 차원이라면, 빠롤은 개인적 언어행위 차원이라 할 때에, 번역의 관점에서 랑그라면 언어적 차원에서 번역을 위한 전제가 될 것이며, 빠롤이라면 동적 차원의 번역이라는 운용이 될 것이다.

3.3.2. 번역의 목적

번역도 그 근본은 의사소통에 그 목적이 있다는 것은 가장 기본적인 명제이다. 기본적인 의사소통의 제 요소를 다 갖추었고 의사소통

과정의 참여 언어가 두 개 이상이라는 점이 다를 뿐 의사소통의 메카니즘은 동일하다. 이러한 번역의 목적에 대하여 이석규 외(2002: 23)는 첫째로, 원저자가 자신이 생각하는 독자들에게 전달하고자 하는 메시지를 표현하는 것, 둘째, 번역자는 원저자가 표현한 메시지를 대상으로 의미구조를 추출하여 상황이 다른 맥락에서 표현하는 것으로, 번역의 목적은 후자와 관련이 깊고, 번역자가 제공하는 목표언어 텍스트가 읽기 쉽도록 명확하게 쓰여져야 한다는 명확성, 번역자가 제공한 텍스트가 효율적이어야 한다는 효율성, 주어진 정보를 신뢰할 수 있어야 한다는 기능성, 이렇게 세 가지 기본 목적을 거론하고 있다. 이는 당연히 원저자가 자신이 생각하는 독자들에게 전달하고자 하는 메시지를 표현한다는 것은 출발언어의 저자가 독자를 향하여 정보를 전달하고자 하는 차원이며 번역이 개입되지 않은 상황이라면 여기서 의사소통의 과정이 종료될 것이지만, 번역에 있어서는 출발언어의 독자임과 동시에 다시 목표언어의 저자 입장에서 목표언어의 독자들에게 메시지를 전달하는 이중 코드에 의한 의사소통이라 할 것이다. 이러한 점은 Diller & Konelius와 동일한 관점이다. 무엇 때문에 번역하는가라는 질문에 대하여 Diller & Konelius(1978: 3)는 두 가지 대답을 제시하고 있다. 번역의 목적으로 첫째, 출발언어 발신자와 목표언어 수신자 사이에 의사소통을 창출하기 위해서, 둘째, 목표언어 수신자에게 출발언어 발신자와 출발언어 수신자 사이의 의사소통을 전달하기 위함이라고 제시하고 있다. 첫 번째 경우에는 목표언어 수신자는 1차적 수신자가 되고, 두 번째 경우에는 2차적인 수신자가 된다. 따라서 이를 1차적인 번역과 2차적인 번역이라고 할 수 있을 것이다. 이는 결과적으로 1차적인 번역이든 2차적인 번역이든 번역이 추구하는 목적은 궁극적으로는 의사소통인데, 의사소통을 통해 전달되는 의미는 Nida & Taber(1969)의 등가개념에 있어서는 문체의 관점에 따른, Koller(1983)에 의하면, 외연적, 내포적, 텍스트 규범적, 화용적, 형식적 등가에 따른, 그래서 출발언어의 발신자의 텍스트와 목표언어의 수신자의 텍스트가 동일하다면 이상적인 의사소통을 이루는 것이고 이러한 이상적인 의사소통을 지향하는 것이 번역의 목적이라 할 것이다.

3.3.3. 등가의 개념과 유형

동일한 언어에 있어서도 엄밀한 의미에서의 어휘의 등가는 존재하지 않는다. 그래서 의미자질 분석에 있어서 모든 의미자질이 똑같은 어휘는 존재하지 않는다. 이상적인 번역이란 "그 사이에 어떤 것이 끼어 있는 것도 모르는 채 원본을 볼 수 있어, 완전히 투명한 창유리와 같은 것"이라고 하였다(김효중 1998: 17). 번역이 이렇게 이루질 수 있다면, 출발언어와 목표언어간의 언어적 구성요소는 완전한 등가를 이루는 것이 될 것이다. 그러나 한 언어체계 내에서도 엄격한 의미에서의 완벽한 등가를 가진 동의어는 있을 수 없는 것이며, 출발언어 텍스트에서 목표언어 텍스트로의 번역에는 당연히 그렇게 완벽한 번역등가는 없는 것이다.

앞 장에서 언급한 번역의 정의를 등가와 관련해서 살펴본다. Catford(1965: 20)에 따르면 "출발언어에서의 텍스트 자료들이 목표언어로 대체될 때에는 등가의 텍스트 자료에 의해 대체가 이루어진다"는 것이다. Nida & Taber(1969: 12)에 있어서도 "1차적인 과제는 의미의 충실성과 2차적인 과제로는 문체로써 출발언어와 목표언어에 있어서 등가를 기준으로 비교하여 목표언어에서의 등가를 재생산하는 것"이다. Wilss(1977: 72)에 있어서도 역시 "출발언어의 언어요소들을 등가를 기준으로 텍스트 가공과 텍스트 재언어화과정을 거쳐목표언어에 해당하는 등가로 변환하는 것"이며, Jäger(1975: 36)도 "기호변환에 의사소통적인 등가를 기준으로 기호변환이 이루어진다"는 것이다.

Koller(1983: 187-191)는 번역 등가의 종류를 규정함에 있어 역할을하는 다섯 개의 관계구조를 제시하면서 다음과 같이 등가의 유형을언급하였다. 첫째로 한 텍스트 내부에서 중개되는 언어외적인 현상으로써 언어외적인 현상을 지향하는 등가개념을 Koller(1983: 187)는 외연적 등가(Denotative Äquivalenz)라고 불렀고, 번역학에서는 내용상의 불변체라고 불린다. 이는 흔히 의미론에 이야기하는 지시적 의미로서, 주대상은 어휘로 일반적으로 어휘들이 지닌 의미에서의 등가를말한다. 둘째, 문체층, 사회방언 그리고 지리적인 차원, 빈도와 관련하여 텍스트에서 언어화의 종류를 통해서 중개된 내포로 이러한 범주를 지향하는 등가개념을 Koller(1983: 188)는 내포적 등가(Konnotative Äquivalenz)라고 불렀고, 번역학에서는 문체상의 등가라고 한다. 텍스트 내에서 외연적 의미뿐 아니라 'Denota(표시되는 것)', 즉 단어 또는 이들의 결합에 의한 의미인 외연뿐 아니라 추가적으로 더 표시됨으로써 주어지는 의미에서의 관점이 내포적 등가인 것이다. 셋째, 특정 텍스트에 있어서 유효한 텍스트 규범과 언어 규범으로서 이러한텍스트 장르에 특별한 자질과 관련이 되는 등가를 Koller(1983: 189)는텍스트 규범적 등가(Textnormative Äquivalenz)라고 불렀으며, 번역학에서는 문체론적 등가라 한다. 출발언어와 목표언어에 있어서 텍스트의 종류에 따라 번역에 있어서 출발언어의 텍스트와 유사한 통사나 어휘적인 언어수단을 사용하여 동일한 언어규범과 틀을 유지하는 것이 텍스트 규범적 등가가 되는 것이다. 넷째, 번역이 향하고 있고 무엇인가 특정한 효과의 달성이 지향하는 수신자로서 수신자와 관련된 등가를 Koller(1983: 190)는 화용적 등가(Pragmatische Äquivalenz)라고 불렀다. 번역학에서는 의사소통상의 등가라고 불린다. 사용규범과 기능문체를 통한 화용론적인 등가는 특정한 독자층을 위하여 텍스트를 번역하는 것으로 텍스트 규범적인, 내포적인, 더구나 외연적인 등가의 요구로부터 벗어나게 된다. 다섯째, 출발언어의 특정한 형식−미학적인, 언어유희−언어주제적 그리고 개인문체적인 특성으로서, Koller(1983: 190)는 텍스트의 이러한 성격과 관계를 가지는 등가개념을 형식적 등가(Formale Äquivalenz)라고 불렀고, 문학에서 특히 시적 번역에서 예술적−미학적 영역에서의 등가에 대하여 표현적 등가라고 불렀다.

따라서 Koller(1983)가 제시한 외연적 등가, 내포적 등가, 텍스트 규범적 등가, 화용적 등가, 형식적 등가들은 그 성격상 메시지의 형태와 수용자의 반응에도 관심을 기울인다는 점에서, Nida(1964)의 형식적 등가(formal equivalence)와 동적 등가(dynamic equivalence)의 양분과 같은 맥락이 된다.

Nida(1964: 159−160)에서 제시된 이들 등가의 개념을 살펴보면 다음과 같다. 형식적 등가는 메시지 자체의 형식과 내용에 초점이 주어지고, 형식적 등가에 따른 번역에 있어서는 시 대 시, 문장 대 문장, 개념 대 개념이라는 대응이 이루어진다. 이러한 형식에 입각해서 볼 때, 수신자언어에서의 메시지는 출발언어와 가능한 한 가깝게 일치하여야 한다. 이러한 구조적 등가를 전형화하는 번역의 유형은 주석식 번역(gloss translation)이라 하고, 주석식 번역이란 가능한 한 문자 그대로, 의미 그대로, 출발언어의 형식과 내용을 재생산하는 것이다. 다만 이러한 식의 번역에서는 많은 '각주'를 필요로 한다. 대조적으로 형식적인 등가보다는 동적인 등가를 생산하는 번역은 '등가효과의 원칙'에 기초한다. 동적 등가의 번역은 표현의 완전한 자연성을 목표로 하고, 수신자를 자신의 문화 맥락 내에서 관련된 행동양식과 관련지운다. 메시지를 이해하기 위해서 출발언어의 맥락에서 문화적 패턴을 이해하는 것을 주장하는 것이 아니다. 번역의 양극단 사이에서, 즉 엄격한 형식적 등가와 완전한 동적 등가 사이에는 다양한 번역의 수용가능한 기준을 보여주는 많은 단계가 있다.

이제 Koller(1983: 187-191)가 제시한 5개의 관계틀에서의 등가와 Nida(1964: 159-160)가 제시한 형식적 등가와 동적 등가를 비교하여 보면, 이들은 동일한 맥락이라 할 수 있다. Nida(1964)에 따른 번역의 양극단 사이에서 다양한 번역의 수용가능한 기준을 보여주는 많은 단계가 있다는 것은 Nida(1964)보다 더 등가를 세분한 Koller(1983)의 관점에서 외연적 등가, 내포적 등가, 텍스트 규범적 등가, 화용적 등가, 형식적 등가가 −여기서의 형식이라는 용어는 Nida(1964)의 형식이라는 용어와 의미가 다르지만− Nida(1964)가 말한 그 단계라고 할 수 있을 것이다. Catford(1965: 32)도 역시 형식적 대응을 두 언어 체계에서 대응하는 기능의 동일성으로 정의하였으므로 그가 제시한 형식적 대응과 텍스트 등가도 Koller(1983)와 Nida(1964)와 대체로 등가에 대한 관점이 일치한다. 형식적 대응은 목표언어의 범주가 출발언어에서 동일하거나 다른 범주와 똑같은 위치를 그 언어 체계에서 차지하는 곳에 존재한다. 그래서 대부분의 인도유럽어에서 전치사는 동일한 방식으로 운용된다. 이러한 인도유럽어들에 있어서 전치사 대 전치사로 번역을 할 수 있는 한, 형식적 대응은 텍스트 등가를 제공하는 것이다. 그렇지 않을 경우에는 구조전환, 계층전환, 단위전환과 같은 번역전환을 통해서 텍스트 등가에 도달하게 되는 것이다. 그리고 출발언어와 목표언어에서 두 개의 등가는 동일한 의미를 가질 수는 없는데, 이는 서로 다른 상황에 따른 특징을 언어화하기 때문이라고 볼 수 있다(Fawcett 2003: 54-55). 이를 두고 Munday(2008: 60-61)가 다시 말해 어떤 언어에서는 문법인 것이 다른 언어에는 어휘로 분류되는 단계의 전환, 문법구조의 전환과 같은 구조적 전환, 그리고 출발언어와 목표언어에서 품사를 달리 하는 계층의 전환, 출발언어의 문장, 구, 단어, 형태소 등이 출발언어와는 다른 위계에 속하게 되는 단위의 전환과 대응은 이룬다 할지라도 대응되지 않는 다른 용어가 관련되는 내적 체계의 전환 등이 설정된다고 한 것은 역시 동일한 차원에서의 등가에 대한 접근방법이라 할 것이다. Vinay & Darbelnet(전성기 역 2003: 24-44)가 제시한 번역과정에 있어서 일곱 가지 절차도 형식적 등가에서 동적 등가로의 조정과정에 해당된다 할 수 있다. 일반적으로 메타언어적 결함을 드러내며 번역의 모든 방법 중 가장 간단한 방식인 차용, 외국어에서 구를 빌려 그 구성요소를 문자적으로 번역하는 모사, 번역자가 언어적 예속성 측면들 이외의 것에는 신경을 쓰지 않아도 정확한 관용적 텍스트에 도달하는 출발언어에서 목표언어로의 전이과정인 직역, 하나의 품사를 메시지의 의미를 바꾸지 않고 다른 품사로 대치하는 치환, 관점 조명의 전환에 의해 얻는 메시지에서의 변이인 변조, 여러 차례에 걸쳐 두 텍스트가 서로 완전히 다른 구조적, 문체적 방법을 사용하면서 동일한 상황을 옮기는 것이 가능한 등가 - 여기서 Munday(2008: 58)에 따르자면, 협의의 등가와 일반적인 광의에서의 등가를 구분할 필요가 있지만 - 번역의 극단적인 경계로서 메시지가 나타내는 상황이 목표언어에 존재하지 않는 경우에 있어서의 번안과 같은 절차가 있는 것이다. 번역과정에서 번역자는 두 언어 체계 사이에 관계를 설정하는데 하나는 표현되어 주어진 것이고 다른 하나는 아직 잠재적이어서 조정 가능한 것이다. 그 조정에는 번역단위의 확인, 원 텍스트의 검토, 메시지가 비롯되게 하는 상황의 재구성, 문체효과의 검토와 평가와 같은 과정을 거치게 되며, 어휘, 구조, 메시지의 세 가지 부분에 위의 일곱 가지 절차가 적용이 된다.

지금까지의 제 학자들의 견해를 볼 때에, 즉 Nida(1964)의 형식적 등가와 동적 등가, Catford(1965)의 형식적 대응과 텍스트 등가 그리고 형식적 대응과 텍스트 등가가 상이할 때 나타나는 단계의 전환과 범주의 전환, 그리고 Koller(1983)가 제시한 다섯 가지 등가, Vinay & Darbelnet(1958)의 번역절차들은 약간의 용어 차이는 있다 할지라도 출발언어에서 목표언어로 '번역을 위한 재조정 과정'이라는 관점에서는 동일한 맥락이라고 할 수 있다.

Munday(2008: 60) 역시 Vinay & Darbelnet(1958)가 전환이라는 단어를 명시적으로 사용한 것과 같이 명확히 지적하지는 않았지만 그 효과에 있어서는 전환을 기술하는 것이라고 그 유사성을 인정한 것이다.

결국 이러한 구분으로 말미암아 엄격한 형식적 등가에서 벗어나면서 수용자의 입장을 받아들일 수 있게 되었으며, Lederer(이향 외 역 2004: 23)에 따르면, "원문을 이해하고 원문의 언어적 구속에서 벗어나 의미를 이해하여 이를 등가를 통하여 재표현하는 번역사는 결국 의미라는 것이 언어적인 것이 아닌 탈언어화된 상태로 존재한다는 증거를 보여준다"는 것이다. 따라서 발화나 텍스트의 번역에 있어서 음운적, 형태론적, 의미적, 통사적 차원의 언어적 요소만을 고려하여 번역이 이루어질 수는 없다. 번역의 대상이 되는 언어적 표현의 문체, 사회방언, 화용론적, 의사소통적, 심지어 문화적, 인류학적인 제반사항이 고려되어야 하는 탈언어화를 통하여 바람직한 번역과정이 진행되는 것이다. 정리하자면, 형식적 등가에서 등가를 통하여 탈언어화가 가능하고 탈언어화가 됨으로써 동적인 등가가 창출된다 할 것이다.

3.4. 대조분석과 번역, 그리고 등가

3.4.1. 대조분석과 번역에 있어서의 방법과 절차

Whitman(1970: 191)은 두 개별언어에 대한 대조분석의 절차(procedure of contrastive analysis)를 기술(description), 선택(selection), 대조(contrast), 예측(prediction)의 4단계로 설정하였다. 기술이란 대조분석하고자 하는 두 개별언어에 대한 기술을 말하며, 두 언어가 동일한 형식으로 기술되어야 한다. 선택이란 두 언어의 모든 부분을 대조한다는 것이 실제적으로 불가능하므로 대조를 하기 위하여 자료의 규칙과 구조를 선별적으로 택하는 것을 뜻하며, 대조는 선택된 한 개별언어의 규칙 및 체계를 다른 언어의 규칙 및 체계와 대조하는 것이다. 예측이란 위의 세 단계를 거쳐 얻어진 자료로 오류 및 학습 난이도를 측정하여 대조의 결과를 학습상의 난점으로 설정하여 예측하는 것이다.

Nida(1964: 241-245)가 제시한 실제적인 번역과제를 수행하는데 있어서의 기술적 절차를 살펴보면 다음과 같다. 기술적 절차는 출발언어 텍스트에서 수신자언어 텍스트로 전환하는데 있어서 번역자가 수행하는 과정이다. 기술적 절차는 첫째, 출발언어와 수신자 언어의 분석, 둘째, 출발언어 텍스트의 세심한 연구, 셋째, 적절한 등가의 결정, 이렇게 세 가지 단계로 이루어져 있다.

먼저, 출발언어와 수신자언어의 분석에 대해 살펴보면, 첫째로 하나의 언어에서 다른 언어로의 전이의 일반적인 관점에서 뿐만 아니라 특수한 언어 내에서 발생하는 변형유형의 관점에서 두 개별언어의 언어적 구조를 이해해야 하고, 둘째, 번역자는 내심적(endocentric)인 또는 외심적(exocentric)인 어휘요소의 의미를 완벽하게 이해하고 있어야 한다. 이러한 점에서 언어능력은 표현의 문화적 관련성의 평가와 역사적인 배경과 전통적인 용법을 의미한다. 셋째, 번역자는 구어형태 또는 문어형태의 적절한 스타일을 생산해낼 수 있어야 한다. 다음으로 출발언어 텍스트의 분석으로서 텍스트가 구두이면 억양, 연접, 종결억양 그리고 제스츄어, 목소리의 톤, 그리고 망설임과 같은 부차언어적(paralinguistic) 자질 등 모든 음소적 요인들이 존재하고, 텍스트가 문어라면 번역자는 모든 음소적 요소가 포함된 전사에 필요한 자질들을 재구성하여야 한다. 일단 텍스트의 정확한 형태가 결정되면 몇 단계에 따라 의미가 연구되고 통찰이 이루어져야 한다. 의미분석의 단계는 첫째, 직접적인 단위의 어휘-문법적 특징, 둘째, 담화맥락, 셋째, 의사소통의 맥락, 넷째, 출발언어의 문화적 맥락, 다섯째, 수신자언어의 문화적 맥락으로 이루어진다. 마지막으로 등가의 결정으로서 출발언어와 수신자언어 간의 등가를 결정하게 되는 절차는 먼저 메시지를 가장 단순한 의미구조로 분해하고, 그리고 조정된 번역에 일치하고 의도된 수신자에게 가장 적절한 의사소통의 부하를 제공하는 대응을 사용하여 메시지를 수신자언어로 재조합하는 것이다.

또한 언어비교에 있어서 Halliday et al.(1964)이 제시한 언어비교의 기술 역시 Nida(1964)와 동일한 차원에서 이해가 될 수 있다. 비교의 틀로서 Halliday et al.(1964: 113)은 모든 언어비교의 기술이 다음 3단계를 거쳐야 한다고 제안하였다(이난희 1994: 393). 그 첫 번째 단계는 언어의 비교할 해당 부분을 각 언어에서 따로 기술한다. 두 번째 단계에서는 비교가능성을 확인하여야 하는 바, 두 언어의 해당 부분을 서로 직접 비교하기 전에 우선 번역을 통하여 그들이 비교가능한가를 타진하는 것이다. 이때 번역을 통한 문맥상의 대조로 등가의 관계를 결정하고 형식적인 등가로 등가관계에 있는 대상들이 그들의 언어구조에서 어떤 위치를 차지하게 되는지, 그들이 일치하는 또는 구별되는 방법으로 기능을 하고 있는지 살펴본다. 세 번째 단계는 비교분석 자체가 이루어지는 단계이다.

Whitman(1970)이 제시한 두 개별언어에 대한 대조분석의 절차에 있어서의 기술, 선택, 대조, 예측의 4단계와 Halliday et al.(1964)이 제시한 언어비교의 기술 역시 각 단계에 있어서도 유사하다. Whitman (1970)과 Halliday et al.(1964)의 첫 단계는 각각 기술로 동일하다. 두 번째 단계로서, Whitman(1970)의 선택과 Halliday et al.(1964)의 두 언어의 해당 부분을 서로 직접 비교하기 전에 우선 번역을 통하여 그들이 비교가능한가를 타진하고, 번역을 통한 문맥상의 대조로 등가의 관계를 결정하고 형식적인 등가로 등가관계에 있는 대상들의 위상을 파악하는 것은 비견될 수 있을 것이며, Whitman(1970)의 대조와 Halliday et al.(1964)의 세 번째 단계도 일치하게 될 것이다. 따라서 다음과 같이 대조분석과 번역에 있어서 분석모델을 설정할 수 있을 것이다.

[도식 2] 대조분석과 번역

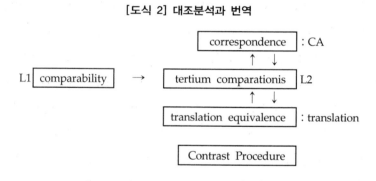

기술, 선택, 대조, 예측의 단계 중 대조분석의 단계에 있어서, 음성·음운체계, 형태체계, 의미체계, 통사체계와 문장 등을 비롯하여 출발언어와 목표언어에 대하여 이를 대조할 수 있는 대조점(tertium comparationis)을 설정하여야만 등가의 영역에 이를 수 있다. 출발언어와 목표언어의 대조분석 매트릭스가 음성·음운체계, 형태체계, 의미체계, 통사체계 및 화용 차원의 여러 영역에서 대조분석의 목표에 따라 해당 영역의 선택을 통한 분석이 가능하다. 비교가능성에 의한 대조점을 찾고, 번역의 등가를 통해 어휘, 문법적 특징과 담화 맥락, 의사소통적 맥락 등 각종 맥락을 통하여 공유된 의미를 찾는다. 그리고 대응을 통한 대조분석을 이루게 된다는 것이다. 위의 모델을 보면 대조분석과 번역에 있어, 대조분석을 통하여 두 개별언어들의 문법단위와 의미 및 통사단위와 필요시 번역단위 등을 분석할 수 있고 그 구체적인 대응관계를 파악하여 번역을 위한 분석자료를 제공한다. 번역은 이러한 코퍼스를 바탕으로 번역과정을 촉진시켜 주는 것이다.

3.4.2. 대조분석과 번역에 있어서의 등가

대조분석을 위한 언어의 비교는 그 본질을 규명하는 중요한 수단이 되며, 다른 언어와의 대조를 통해서 차이점과 공통점이 규명될 수 있다. 두 개별언어를 대조분석한다면 그 차이점과 유사점을 비교한다는 것이고, 대조분석 시 무엇을 대조하는가라는 문제는 대조점을 설정하는 것이며, 다음으로 대조점이 설정되면 비교가능성이 제기되고, 대조란 두 개별언어 간에 유사점과 차이점을 밝히는 것인바, 유사점과 차이점을 밝히기 위해서는 음성·음운체계, 형태체계, 의미체계, 통사체계 및 화용 차원 등 제반 언어영역에서 분석의 대상을 병렬시킬 때 대두되는 것이 대응이다. 이러한 대응에 대하여, 그리고 아울러 등가에 대하여 Lederer(전성기 역 2001: 43)는 다음과 같이 설명한다. 동일한 구절에 서로 대응하는 두 언어의 낱말들과 구문형태들을 찾아 볼 수 있고, 여기서 등가와 대응의 핵심적 차이를 잘 볼 수 있다. 등가는 텍스트사이에 성립되는 것이고 대응은 낱말, 구,

굳은 표현, 구문형태와 같은 언어적 요소들 사이에 성립되는 것이다. 이러한 등가관계는 번역의 일반양식이며 그렇다고 대응관계들이 배제되는 것은 아니다. 이는 맥락 외적 언급의 경우이건 텍스트 내에서의 사용의 경우이건 모든 상황에 있어 대응요소들의 존재를 입증하는 것이라고 설명하고 있다.

Koller(1983: 183)도 명시적으로 대조언어학에서는 대응(Korrespon-denz)이라는 용어로 번역에서는 등가(Äquivalenz)라는 용어로 구분한다. 대조언어학에서는 랑그의 영역으로 대조분석을 기제로 대응의 조건과 전제를 연구하고 대응하는 구조와 문장을 기술하는 것이고, 번역학은 등가의 조건들을 연구하고 두 개의 개별언어에 있어서 번역 등가의 기준이 유효한 발화와 병렬된 텍스트를 기술하므로 번역은 빠롤의 영역이 되는 것이다.

대응과 등가를 구분하는 것은 또한 해석이론의 핵심이 되기도 한다. 해석이론에 있어서 언어의 사용차원은 체계로서의 언어 차원으로 언어의 구성요소를 부호로서 해독하는 차원이며, 담화 차원은 창의적인 등가표현을 찾아내는 차원으로 이는 특정한 상황에서만 특정 표현의 대응어로 기능하는 등가어를 찾아내는 것이다(Lederer, 이향 외 역 2004: 16). 언어의 사용 차원과 담화 차원의 구분 역시 형식적 등가인 대응과 동적 등가의 구분과 동일한 맥락인 것이다.

형식적 등가는 기본적으로 원천 지향적(source-oriented)으로 원천 메시지의 형식과 내용을 보여주고자 하는 것이다. 형식적 등가의 번역은 문법단위, 단어사용에 있어서의 일관성, 원천 맥락의 관점에서의 의미와 같은 형식적 요소를 재생산한다. 문법단위에서 재생산의 예를 들면, 명사 대 명사, 동사 대 동사로 번역을 하는 것이고, 모든

구와 문장은 분리하거나 재조정하지 않고 그대로 두는 것이며 구두점, 마침표 그리고 들여쓰기도 그대로 두는 것이다. 단어사용에 있어 일관성을 유지하기 위해서 전문용어의 일치를 목표로 한다(Nida 1964: 165). 형식적 등가와는 반대로 동적 등가에 있어서는 원천메시지가 아니라 수용자의 반응에 초점이 주어진다. 동적 등가란 출발언어의 메시지에 '가장 자연스러운 등가'로 기술된다. '등가'란 출발언어 메시지를 시사하고, '자연스러운'은 수신자언어를 시사하며 '가까운'은 가장 높은 정도의 근사를 근거로 하여 두 시사점을 결합하는 것이다. '자연스러운'이란 단어는 첫째, 전체로서의 수신자 언어와 문화, 둘째, 특정 메시지의 맥락, 셋째, 수신자언어의 청중이라는 의사소통 과정의 영역에 적용이 된다(Nida 1964: 166).

대조분석에 있어서의 기제로는 형식적 등가, 즉 대응을 들 수 있고 번역에 있어서는 동적 등가를 들 수 있다. 다음과 같이 Ivir(1981: 51)가 언급한 것을 살펴본다. 형식적 대응은 대조분석에서 사용되는 용어인 반면, 번역 등가는 번역의 상위언어에 속하고 이 두 용어는 자신의 분과학에서 각각 독립적으로 논의될 수 있는 것이다. 형식적 대응과 번역의 등가와 관련하여 제기되는 문제는 단순히 용어 이상의 것으로, 번역에 있어서 형식적 대응은 번역에 있어서 언어단위의 역할과 번역이론에 있어서 언어학의 위치와 관련이 되고, 대조분석에 있어서 번역 등가는 대조작업에 있어서 번역의 역할과 관련이 될 것이다.

다음과 같은 경우를 생각해 보자. 비교 대상이 되는 개별언어에 있어서 형식적 대응으로 일치하는 항목들이 일반적으로 유사한 역할과 기능을 한다고 생각하게 된다. 그래서 영어의 정관사 'the'가 독일어에서의 정관사 'der, die, das'에 형식적으로 대응하고, 영어에서의 완료형 'have+p.p.'의 형식은 독일어에서의 'haben+p.p.' 등으로 형식적으로 대응한다고 생각한다. 하지만 그 용례와 시상에서 일치하지 않는다. 이러한 형식적 대응의 근거는 언어적 직관과 두 언어요소들의 유사한 명명이다. 그러나 등가에 의해 의미상 유사에 따라 대조분석의 영역을 찾은 이후에 재조정과정을 거침으로써 대응이 적용된 이후 필요에 따라 다시 번역을 통하여 등가 개념을 기제로 사용한다. 가령 영어와 독일어에서 공통적으로 재귀대명사가 있다. 두 개별언어에서 재귀대명사를 목적어로 가지는 동사들이 많다. 따라서 이들은 형식적 대응을 이룬다.[2]

- a. Ich wasche mich. / I wash myself.
- b. Sie müssen sich helfen. / They must help themselves.
- c. Er wundert sich über unseren Erfolg. / He wonders himself at our success.*
- d. Ich habe mich gestern erkältet. / I have caught cold myself yesterday.*
- e. Du kannst dir diese Situation nicht vorstellen. / You can not imagine yourself this situation.*

재귀대명사라는 형식적 대응을 이룬다 할지라도 그 형식적 대응이 동일한 용례를 보여주는 완전일치, 완전일치하지는 않고 다른 용례나 부분적인 용례를 보여주는 부분적 일치, 그리고 등가가 존재하지

---

2) 예문들은 이화남(1993)을 참조.

않는 부존재가 있을 수 있다. 본서에서는 용어의 구분상 Spalatin (1969: 1)과 같이 두 언어 간 형식적 대응을 보이는 완전일치(full), 그 대응에 있어서의 부분적 일치(partial), 그리고 등가의 유사성이 없는 부존재(non-existent)의 구분을 따랐다.

완전일치란 제반 언어적 요소들이 동일한 분포와 범주를 보여줌으로써 형식적으로 대응을 이루는 경우를 말한다. 서로 다른 분포나 범주 또는 중복되는 경우는 부분적 일치가 된다. 그리고 체계적이거나 등가의 유사가 없는 부존재를 들 수 있다. 위의 예문에서 볼 때 출발언어에서의 재귀대명사에 따라 목표언어에서 형식적 대응을 이루었다 할지라도 완전일치를 보이지 못해서 비문을 이루는 것을 볼 수 있다. 따라서 형식적 대응만으로는 해결될 수 없는 점을 보여주는 것이다. 그래서 번역 차원에서의 등가를 추구하는 과정을 거치게 된다. 그래서 번역 시에는 한 언어에서 다른 언어로 두 언어 간에 이미 설정된 구문과 어휘, 문법단위 등의 대응에 따른 단순히 대체작업만이 이루어지는 경우가 있을 수 있고, 한편으로 주어진 상황을 머릿속에 재현하고 텍스트의 의미를 찾은 후 이를 목표언어의 관용적 표현에 의해 등가어로 표현하는 과정, 이렇게 두 가지 번역이 수행될 수 있을 것이다. 하지만 실제로 번역을 할 때는 두 가지 방법이 모두 사용된다. 원문의 내용과 동일한 것을 지시하는 언어들을 목표언어에서 찾는 동시에 원문과 동일한 의미를 나타내는 등가어를 스스로 창출해 간다는 것이다(Lederer, 이향 외 역 2004: 16). 따라서 이중 코드에 의한 의사소통과정으로서의 번역은 대응에서 비롯하여 번역 등가로 재조정과정을 거쳐 등가를 창출한다는 점을 되새겨 보아야 할 것이다.

3.5. 끝맺는 말

올바른 번역을 위해서는 출발언어와 목표언어에 있어서 음성·음운, 형태, 의미, 통사 등 언어학점 관점에서 이루어지는 번역 차원에서의 등가를 넘어, 출발언어와 목표언어의 텍스트를 단순한 언어기호의 총체 대 총체로 대응시키는 것이 아니라, 의사소통의 목적을 지향하는 가운데, 화용 심지어 문화적 요소를 포함한 다양한 유형의 등가를 수용할 필요가 있다.

대조분석은 형식적 대응으로서, 제반 언어적 요소에 접근하는 것이며 랑그의 대상이 된다. 번역은 등가의 조건들을 연구하고, 두 개의 개별언어에 있어서 번역 등가의 기준이 유효한 발화를 주대상으로 기술하기 때문에 번역은 빠롤의 대상이 된다.

대조분석의 관점에서나 번역의 관점에서나 최소 두 개 이상의 개별언어가 관련되므로, 따라서 공히 대조분석이든 번역이든 두 개 이상의 개별언어가 논리적으로 당연히 개입이 된다. 대조분석의 관점에서는 제반 언어의 구성요소를 찾아 대조분석을 시도하여 대응을 통하여 언어 간 유사점과 차이점을 추구할 것이며 또한 번역을 통한 등가를 통해서 목표언어에서의 비교가능성이 있는 등가를 통한 의미를 도출할 것이다. 번역에 있어서의 형식적 대응은 번역에 있어서 언어단위의 역할과 번역이론에 있어서 언어학의 위치와 관련이 되고, 대조분석에 있어서의 번역 등가는 대조작업에 있어서 번역의 역할과 관련이 되는 식으로 대조분석과 번역은 그 대상에 대한 분석방법과 접근방법에 있어서, 많은 공통점을 지니며 상호보완의 성격을 지닌다.

다음과 같이 네 가지 경우를 생각해 볼 수 있다. 첫째로, 출발언어와 목표언어에서 형식적 대응과 번역 등가가 일치하는 경우, 둘째, 출발언어와 목표언어에서 번역 등가라 할지라도 형식적 대응을 이루지 못하는 경우, 셋째, 출발언어와 목표언어에서 형식적 대응을 이루어도 번역 등가가 아닌 경우, 넷째, 출발언어와 목표언어에서 형식적 대응도 번역 등가도 이루지 못하는 경우이다. 둘째와 셋째의 경우에 특히 대조분석과 번역의 상호보완이 필수적이게 될 것이다.

제4장

대조언어학과
번역학 연구에 있어서의 코퍼스

4.1. 시작하는 말

본 장에서는 대조언어학과 번역학 연구에 있어서의 코퍼스에 대하여 살펴본다. 최근 대조언어학과 번역학 연구의 새로운 패러다임으로 코퍼스에 기반한 연구방법론이 등장하였고, 대용량 언어자료의 검증과 분석을 통하여 코퍼스언어학의 과학적인 분석기제가 제공되었으며, 이론위주에서 기술위주로 변화된 대조언어학과 번역학 연구에 접근할 수 있게 되었다. 대조언어학이나 번역학 연구에 있어서 하나 또는 둘 이상의 언어를 대상으로 다중/병렬코퍼스를 연구 및 분석대상으로 설정하여야 하는데, 언어연구의 관점에서 볼 때에 관찰에 근거하여 언어현상을 규명하는 연구과제를 선정 후 가설과 모형을 설정하고 그 가설입증을 위해서 언어자료를 수집한 후에 이에 대한 검증과 해석이 이루어지는 전 과정은 과학으로서의 연구방법론에 입각하여야 한다.

병렬코퍼스를 구축할 때에 설계시 고려하여야 하는 샘플의 대표성, 충분성, 정확성, 그리고 부호화, 주석, 코드를 살펴보고, 또한 병렬코퍼스에서 텍스트의 구성단위를 대조하는 과정으로 주로 단락이나 문장 층위에서 상응하는 요소를 찾는 과정인 정렬을 다룬다. 아울러 실증적인 언어자료를 기반으로 하는 코퍼스에 의해 대조언어학과 번역학의 연구가 수렴(convergence)됨으로써 많은 부분을 공유하게 되어 합일되는 영역에 대하여 살펴보는 바, 수렴이란 여러 기술이나 성능이 하나로 모여 융합되거나 합일되는 것으로, Granger et al.(2003: 17)에 따르면, 대조언어학과 번역학이 코퍼스의 출현과 함께 최근에 이르러 수렴하기 시작하였다고 하였다. 일반적으로 수렴이나 융합, 합일과 같은 용어가 있으나 본서에서는 'convergence'를 수렴으로 번역하여 사용한다.

4.2. 새로운 패러다임으로서의 코퍼스

4.2.1. 대조언어학과 번역학 연구의 새로운 패러다임

물리적인 데이터로서의 코퍼스는 전산을 통하여 방대한 언어자료를 대상으로 체계적이고 객관적인 자료처리가 가능하게 되었고, 코퍼스언어학도 이러한 맥락에서 발전을 하게 되었다. 전산에 힘입은 코퍼스의 활용 용도를 확대하는 맥락에서, 코퍼스 특히 병렬코퍼스는 언어와 다른 언어들 간의 비교를 용이하게 하고 또한 번역이론을 발전시키며 외국어교육을 향상시키는 목적에 이바지함에 따라 대조분석도 또한 새로이 위치를 정립할 수 있게 되었다. 전산은 언어정보화와 관련하여 문자판의 배치나 코드와 같은 표준화 문제 이외에 언어이론과 문법체계의 발전에도 많은 기여를 하였다. 예전에는 언어이론이나 문법체계에 대한 연구를 수행하면서 어떤 문장이 비문인지를 판단하거나 문법규칙을 발견할 때 주로 언어 사용자의 직관에 의존하는 방식을 취하였지만, 이에 비해 전산에서 언어를 구현하는 방법론으로 등장한 전산언어학과 코퍼스언어학은 언어이론과 문법체계를 과학적-분석적으로 접근하여 언어의 과학화를 추구하는 것이다(고창수 1999: 29).

대조언어학과 번역학은 다중언어 코퍼스에서의 번역/병렬코퍼스를 연구하는데, 실증적 데이터를 다루는 연구방법론에 있어서 Laviosa(2006: 21)의 표현을 따르면, 이러한 코퍼스에 기반한 연구방법이 새로운 패러다임으로 간주될 수 있을 것이다. 패러다임이란 과학에 있어서 공유하고 있는 신념, 가치, 기술 등의 총체를 일컫는 개념이다. 과학적으로 탐구할만한 문제를 규정해 주고 과학자들이 취할 수 있는 문제해결 모형을 제공하는 것(이형석 2006: 14)이라는 관점에서 볼 때에, 코퍼스에 기반한 연구방법론을 통하여 새로운 시각에서 전산처리에 의한 대량의 언어자료 분석에 따른 검증과 분석으로 대조언어학과 번역학의 연구방법에 있어서 패러다임이라 할 수 있을 것이다.

코퍼스에 기반한 번역학 연구방법을 새로운 패러다임으로 설정하는 데에는 두 가지 변환이 선행되었다. 첫 번째 변환은 규범적인 방법에서 기술적인 방법으로의 변환이며, 이로서 기술번역학이 대두

하게 된 것이다(Baker 2009: 237). 두 번째 변환은 미시(micro-linguistic)에서 거시(macro, socio-cultural)로의 변환이다. 단어, 구, 문장 층위를 위주로 하는 언어학 지향적인 번역에서 1980년대 중반에 사회문화적인 번역연구가 주류를 이루었고, 번역 역시 사회문화적인 맥락에서 이루어지는 의사소통 행위이며 수용문화의 총체적인 부분이라는 현실적인 견해가 지배를 이루었다(Baker 2009: 238).

이러한 시기에 역시 급속한 발전을 이룬 코퍼스언어학의 관점에서 코퍼스로서 번역된 텍스트에 관심이 주어지게 되었다. Bell(1991: 39)에 따르면, 번역과정에서 특별한 요소와 체계적인 관계가 존재하는 것을 보여주는 번역산출물을 분석하여 번역산출에서 제시되는 특징을 파악하고 번역자의 수행을 관찰할 것을 제안하였다. 특히 코퍼스는 빈도와 전형 그리고 용례와 규범의 관계를 잘 보여줌으로써 유용하며(Stubbs 2001: 151), Baker(1993: 243)에 따르면 코퍼스의 연구방법을 번역학 연구에 적용하는데 가장 중요한 과제는 중재된 의사소통의 사건으로서 번역된 텍스트의 본질을 설명하는데 있다는 것이다. 그리하여 언어 간의 대조분석을 통하여 언어 간에 공통적으로 존재하는 언어보편소를 규명할 수 있듯이, 번역에 관련되는 언어의 코퍼스분석을 통하여 번역에 있어서의 번역보편소 역시 규명이 가능하다. 이론위주에서 기술위주로 변화된 번역학이라는 소재에 코퍼스언어학의 과학적인 분석기제를 제공함으로 새로운 패러다임으로 간주될 수 있는 것이다.

단일언어 코퍼스란 말 그대로 하나의 언어로 이루어진 코퍼스를 말하며, 이는 단일언어 코퍼스에서 원문 및 번역텍스트는 동일한 언어 내에서 원래의 언어로 된 텍스트와 그 언어로 번역이 된 텍스트를 비교하는 것이다. 단일언어 코퍼스 내에서 원어민 및 학습자 텍스트를 비교하는 것은 원래의 언어로 된 텍스트와 이 언어를 학습하는 학습자들이 학습과정에서 만들어 낸 텍스트를 비교하는 것을 말한다. 병렬코퍼스는 주어진 용어 및 표현에 대한 전형적이고 잘 설정된 번역등가를 찾는데 있어 귀중한 정보의 원천이 되고 비교코퍼스는 출발언어와 목표언어에서 가정된 등가적 용어 및 표현들의 전형적인 텍스트맥락을 찾아내는데 유용하다(Laviosa 2006: 104).

이러한 유형의 텍스트 비교를 통하여 학습자들이 목표언어학습에서 만들어 내는 텍스트가 원어민의 텍스트와 다른 언어수행의 분석을 통하여 오류를 예측할 수 있다. 다중언어 코퍼스에서의 번역/병렬코퍼스는 원문텍스트와 번역텍스트의 대응을 통해 단어 대 단어, 구 대 구, 문장 대 문장, 텍스트 대 텍스트로 병렬시켜 대조분석과 번역의 대상으로 분석하기 위한 코퍼스를 말한다.

다중언어로 된 비교코퍼스에 있어서 원문텍스트와 번역텍스트는 원래의 언어로 구성된 텍스트와 그 언어로 번역된 기타의 다른 텍스트로 구성된 코퍼스이다. 다중언어 코퍼스의 비교코퍼스와 번역/병렬코퍼스의 차이점을 살펴보면, 번역/병렬코퍼스는 원문텍스트와 번역텍스트의 언어가 다를 뿐 그 의미는 동일하여 두 개별언어에 있어서 대조분석에서의 형식적 대응과 번역에서의 등가를 통하여 일방향 또는 양방향으로의 번역과정과 결과에 대한 정보를 제공하기 위한 대조분석과 번역분석을 추구하는 코퍼스라 한다면, 비교코퍼스는 원문텍스트로서의 특성과 번역텍스트로서의 특성을 파악하기 위한 코퍼스라고 할 수 있다.

대조언어학과 번역학 연구에 있어서 가장 유용한 코퍼스는 비교코퍼스와 병렬코퍼스이다. 병렬코퍼스는 1990년대에 부활한 대조언어학의 주요 원인이었으며(Salkie 1999: 22-23), 병렬코퍼스가 제시하는 가능성은 다음과 같다. 첫째로 비교되는 언어에 대한 새로운 통찰, 즉 한 언어로 이루어진 코퍼스에서 간과될 수 있는 통찰을 제공한다. 둘째, 비교의 목적에 이용될 수 있으며 언어의 보편적 자질뿐만 아니라 개별언어에 특수한 유형적인 그리고 문화적인 차이에 대한 이해력을 제고하며, 셋째, 출발언어 텍스트와 번역텍스트 간, 모국어와 비모국어 간의 차이점을 조명해 준다. 넷째, 사전학, 언어교수법, 번역과 같은 실용적인 분야에서 사용될 수 있는 것으로 코퍼스의 사용을 들 수 있다(Aijmer et al. 1996: 12). 따라서 제시한 코퍼스가 제시하는 가능성은 1970년대를 전후한 시점의 대조언어학의 연구대상과는 그 기본적인 개념에 있어서 차이가 있는 것이 아니라, 전산에 힘입은 대용량 언어자료의 처리가 가능하게 됨에 따라 새로운 접근방법과 연구범위의 확대로 새로운 패러다임이라고 할 수 있게 되는 것이다.

4.2.2. 과학적 연구방법론의 적용

코퍼스언어학이 일반언어학 내의 독립된 분과학으로 분류될 수 있는 것은 특정한 방법론이나 연구대상의 특별한 성격 때문이 아니라 상호의존적인 자료, 기술, 이론, 방법론의 통합에 기반을 둔 고유한 언어연구 접근법에 기인한다고 할 수 있다. 이러한 연구방법에 따르면 코퍼스의 제작, 발견, 가설, 구성, 테스트, 평가 등이 연속적인 과정으로 나타난다(Laviosa 2006: 8). 코퍼스언어학은 코퍼스를 어떻게 언어연구와 외국어교육 및 학습에 적용하는가라는 방법과 원칙에 관한 전반적인 체계이므로 이는 확실히 이론적인 지위를 가진다. 그러나 이론적인 지위가 이론 자체는 아닌 것이다. 사회과학에서 이용되는 정성적 방법론에도 이론적인 토대와 예를 들어 인터뷰의 수행, 설문지의 설계와 관련된 일단의 규칙이 있다. 그러나 이것은 여전히 이론이 구축되는 방법론으로 명명되며 코퍼스언어학도 마찬가지 경우이다(McEnergy et al. 2006: 8). 코퍼스언어학이 하나의 분과학이든 이론이 구축되는 방법론이든 언어학에 있어서의 제반 영역과 이론의 적용영역을 가진, 적어도 방법론으로서 지위를 지니고 있다. 이러한 방법론을 통해서 산출된 객관적 자료는 다시 입력자료로 활용되어 제반 언어현상을 반영하는 언어이론의 정립에 기여를 하게 된다.

코퍼스라는 물리적 자료를 바탕으로 하는 언어이론 정립에서의 절차로서 제작, 발견, 가설구성, 테스트 및 평가하는 일련의 과정은 사회과학의 연구조사방법론과 그 맥락을 같이 한다. Biber et al.(2000: 250)에 따르면 코퍼스의 설계를 위하여 사회과학에서의 샘플링 기법을 적용하는 것을 고려하여야 한다는 것이다. 연구에 있어서 가장 중요한 개념은 문제점, 접근방법 그리고 규명이다. 연구한다는 말은 문제점에 대한 질문이나 의문으로 시작해서 조사연구에 체계적인 방법을 동원하여 그 의문에 대한 대답을 찾아내거나 규명하는 것으로 연구는 종료된다(김윤경 1996: 4). 연구를 수행하는 수단으로서 방법론의 중요한 국면은 연구문제를 어떻게 형성할 것인가, 이론을 어떻게 적용할 것인가, 경험적 자료를 어떻게 수집할 것인가, 그리고 경험적 자료를 어떻게 해석할 것인가라는 문제들로 방법론은 지식을 얻기 위해 사용되는 계획에 대한 연구, 즉 현상에 대한 이해를 성취

하기 위해 수행할 가능한 계획을 검토하는 것이다(김구 2008: 7). 이러한 연구방법론을 적용한다면, 코퍼스에 적합한 방법으로 수집된 자료를 분석 및 관찰하여 코퍼스가 제시하는 경험적인 언어현상을 설명하고 해석을 통하여 그 현상을 규명함과 동시에 가설을 설정하며 검증과정을 거쳐 합당한 언어이론이 정립되는 것이다.

[도식 3] 과학적 연구의 설계와 절차

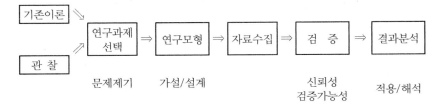

[도식 3]은 과학적인 연구의 설계와 절차과정을 보여 준다. 물리적 자료인 코퍼스에 기반한 언어현상의 연구방법도 적용이 된다. 기존의 이론이나 경험적 관찰에서 연구주제를 선정하거나 연구대상이 되는 문제를 제기하게 된다. 연구주제가 선정되면 이를 구체적으로 발전시켜 연구문제화하게 되는데(이형석 2006: 32), 이러한 문제가 제기됨에 따라 과제가 선택된다. 과제가 선택된 다음에는 이론적인 배경과 가설을 바탕으로 하여 연구모형을 설정하고 연구과정을 설계하게 된다. 가설과 주장에 기초한 연구모형을 뒷받침하는 근거를 마련하고 이를 검증하기 위하여 자료를 수집하게 되는데 이러한 객관적, 물리적인 자료에 코퍼스가 위치하게 된다. 자료의 진위여부를 판단한 후 결과를 분석하여 이를 연구모형에 적용하여 그에 따른 해석이

이루어진다. 검증단계로서 자료에 대한 검토가 완료되면 연구모형의 검증을 위한 통계분석이 이루어지며, 분석된 결과들을 통해 필요한 통계량을 확인하여 기준치와의 비교를 통하여 추정된 모형의 타당성을 평가한다. 측정된 변수들에 대한 신뢰성과 타당성 검정과정을 거친 최종적인 변수들을 가지고 연구모형에 대한 가설이 채택여부에 대한 검정을 하고 그 결과에 대한 해석과 의의를 기술하게 된다. 설정된 가설이 가령, 언어현상을 제대로 반영하지 못한다면 새로운 가설설정과 검증을 통한 변증법적인 과정의 반복을 통하여 무결한 새로운 이론을 도출할 수 있게 된다. 결과분석에서는 통계량들의 단순한 나열이나 기술적인 설명 외에 분석결과를 해석하고 연구에 대한 의미를 부여하여야 한다(이형석 2006: 35-36).

대조언어학이나 번역학에 있어서 하나 또는 둘 이상의 언어를 대상으로 다중/병렬코퍼스를 연구 및 분석의 대상으로 설정하는데, 언어연구의 관점에서 볼 때에 관찰에 근거하여 언어현상을 반영하는 연구과제를 선정 후 가설을 설정하고 그 가설을 입증하기 위한 언어자료를 수집하고 이에 대한 검증과정과 이에 대한 해석이 이루어지게 된다.

4.3. 병렬코퍼스의 구축

4.3.1. 병렬코퍼스의 설계

병렬코퍼스의 의미를 먼저 살펴보면, 병렬코퍼스는 병렬을 보여주는 두 개별언어의 하위코퍼스로 구성된다. 병렬이란 첫째, 두 하위코퍼스가 비교 가능한 원천에서 도출된 자료로 이루어진 동일한 양을 가진 서로 다른 언어나 방언을 보여주거나, 둘째, 서로 다른 언어나 방언에서 동일한 내용을 표현하거나, 셋째, 서로 다른 언어나 방언에 의해 동일한 효과를 지향하거나, 넷째, 한 하위코퍼스가 원문텍스트로 이루어져 있고 다른 하위코퍼스는 동일한 언어로 번역된 텍스트로 구성될 수 있다(Ebeling 1998: 603). 특히 대조언어학과 번역학 연구에 있어서 가장 유용한 코퍼스는 병렬코퍼스이다. 서상규·한영균(1999: 288)에 따르면, 병렬코퍼스는 두 언어로 구성된 코퍼스로서 두 언어 간의 기계번역이나 외국어교육 등의 분야에서 동일한 뜻을 가진 용례가 두 언어로 제공되는 것이 필요한데, 특히 두 언어의 용례 간의 대응관계를 표현하는 것이 중요하다. 이러한 요구를 충족시키기 위한 것이 병렬코퍼스이다.

1993년에 유럽의 주요언어를 망라하는 'European Union Lingua Project'를 예로 들면, 다중어 병렬코퍼스를 제작하고 윈도우에 기반한 병렬어구검색기인 Multiconc를 개발, 검증, 평가하는 것으로 대상언어로는 덴마크어, 영어, 핀란드어, 불어, 독일어, 그리스어, 이태리어, 포르투갈어, 스페인어, 스웨덴어이며, 이 어구검색기는 와일드카드를 이용한 다항목 검색, 인용문의 분류 및 편집, 텍스트마크업을 수행하고, 이 코퍼스는 어구검색, 단어빈도수 목록, 핵심어와 연어와 관련정보를 제공하는 워드스미스(Wordsmith)와 같은 소프트웨어에 의해서 처리될 수 있다. 활용분야로서는 번역자의 선택과 전략의 검토, 번역자의 행위와 이중어사전에 포함된 정보의 비교, 번역가 훈련 및 외국어교육을 들 수 있다(Laviosa 2006: 103).

코퍼스의 구축과정은 몇 개의 단계로 나누어 볼 수 있는데 코퍼스의 전반적인 형태와 성격을 결정하고 그에 합당하게 코퍼스의 크기, 구성내용 등을 계획하는 설계단계, 설계에 따라 실제 자료를 수집하고 기계가독형으로 전환하는 수집단계, 수집된 자료를 언어학적으로 이용가능한 형태로 가공하는 가공단계로 이루어진다(서상규·한영균 2002: 48). 이에 따른 흐름도는 [도식 4] 코퍼스의 구축절차와 같다. 물론 [도식 4]의 전후에는 [도식 3] 과학적 연구의 설계와 절차에서 제시한 경험적 관찰에 따른 문제 제기에 따라 연구과제가 선택되고 자료수집에 대한 검증, 결과의 분석과 적용과정이 있게 된다.

[도식 4] 코퍼스의 구축절차

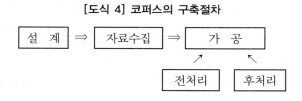

코퍼스를 설계할 때에는 샘플의 대표성, 정확성, 충분성을 고려하여야 한다. 특히 대표성, 정확성, 충분성을 충족하는 문제는 하나의 단일언어 코퍼스가 아닌 병렬 또는 다중언어코퍼스에 있어서 두 코퍼스를 비교할 때에도 역시 샘플이 동일한 대표성과 정확성, 충분성을 유지하면서 대상언어들의 실상을 정확하게 반영하여야 한다. 왜냐하면 동일한 비교대상과 기준에 따라 비교가 이루어져야 하기 때문이다. 코퍼스는 대상 분야에서 사용되는 언어의 축소판으로서 언어의 변이를 최대한 반영하도록 설계되어야 하고, 각 텍스트의 구성 비율을 통해 언어의 구체적인 실상을 반영하여야 하는 것이 표본의 대표성이며, 충분성이란 코퍼스를 분석한 결과가 그 언어사용에 대한 분석으로 타당성을 가지기 위해서 해당 분야 언어의 다양한 특성이 총체적으로 파악될 수 있을 만큼 충분한 양의 텍스트가 수집되어야 한다는 것을 의미한다(서상규·한영균 2002: 30-31).

다시 말해 코퍼스와 관련하여 샘플의 설정에 있어서 샘플은 충분히 모집단을 대표할 만한 대표성을 가져야 하는 것이며, 또한 통계에 있어서의 샘플링 리스크(sampling risk)를 지양하기 위한 적절한 크기로 설정되어야 대표성을 충족할 수 있는 것이다. 정확성이란 코퍼스를 만들기 위한 텍스트수집이나 입력 등의 과정에서 원래의 내용이나 형태가 고의든 실수로든 달라지거나 누락됨이 없이 정확하여야 한다는 것이다. 따라서 비교, 병렬코퍼스의 경우라면 일방적인 편의가 있는 코퍼스가 아닌 두 개별언어의 코퍼스가 동일한 기준 하에 정확성, 대표성, 충분성을 바탕으로 구축되어야 할 것이다. 가령, 영어를 대표하는 샘플을 구축한다고 할 때에 목표언어를 일정 기간 동안 기록하는 것으로 사람들이 경험하는 언어의 변이형의 일정비율이 있는 코퍼스를 편집하는 것이다. 80%는 대화, 15%는 TV쇼, 2%는 신문보도, 1%는 회의, 1%는 라디오 방송, 1%의 신호와 지시사항으로 이루어져 있을 것이다. 언어연구에 있어서 비례 샘플링(proportional sampling)은 유용하지 않다. 비례추출에 의한 샘플은 가령 우리가 한 사람이 얼마나 자주 일상생활에서 특정단어와 접하게 되는가를 알고자 할 때에 유용하다. 그러나 비례식에 의한 코퍼스는 변이형의 연구에 대해서는 그 용도는 제한되어 있다. 왜냐하면 대부분의 코퍼스는 비교적 동질성을 지니기 때문이다. 다시 말해 비례코퍼스에서 대부분의 텍스트는 대화형식이며 이러한 텍스트들은 다른 사용역(register)과 비교하여 언어적 특성에 있어 유사하다(Biber et al. 2000: 247).

코퍼스의 가공과정에 있어서 전처리는 특히 병렬코퍼스에 있어서 중요하다. 병렬코퍼스에는 단어나 문장 단위의 대응관계가 표시되어야 하는데 이를 위해서는 대상이 되는 기초자료의 정렬상태가 기본이기 때문이다. 이를 고려하여 기초자료의 전처리는 첫째, 선별된 자료의 전산입력, 둘째, 텍스트교정, 셋째, 부호 및 텍스트형식의 정규화, 넷째, 텍스트 헤더정보 첨가, 다섯째, 텍스트 본문 마크업 첨가, 여섯째, 문장단위 병렬화처리, 일곱째, 병렬대응에 대한 교정이 이루어진다(김흥규 외 2000: 66). 이러한 코퍼스의 구축이 추구하는 목적은 개별언어의 코퍼스에 있어서의 빈도, 연어, 용례 그리고 언어요소의 분포에 관한 언어현상과 문법요소의 비교를 기술하는 것이며, 병렬코퍼스에 있어서는 비교대상이 되는 두 개별언어 간에 있어서의 현상을 다루는 것이다.

4.3.2. 부호화, 주석 그리고 코드

코퍼스 구축을 위한 설계가 이루어진 다음에는 자료수집이 이루어져야 한다. 전산화에 기초한 대규모 코퍼스에 의한 언어연구에 있어서 단일언어 코퍼스에 있어서든 병렬코퍼스에 있어서든 기계가독형의 자료구축이 전제가 되어야 한다. 언어자료가 생성될 때부터 기계가독형으로 전자형태로 저장된 언어자료가 있을 수 있고, 기계가독형으로 만들기 위한 과정을 거치기도 한다. 디지털화가 된 자료는 웹이나 CD-ROM에 의해서 그 접근이 아주 용이하다. 디지털화가 이루어지지 않은 자료도 스캐닝이나 OCR소프트웨어를 통해서 전산화할 수 있다. 가장 수동적인 방법으로는 단순한 키보드 입력을 들 수 있을 것이다(Lawson 2001: 294).

이렇게 코퍼스를 구성하는 언어자료는 개별 연구자나 개별 프로그램에서만 운용되는 것이 아니라, 효율적인 운용과 범용적인 사용을 위해서 호환성이 부여되어야 한다. 기계가독형의 자료를 대상으로 연구과제의 목적과 의도에 따라 자료를 활용하고 검색을 하기 위하여 개별 정보가 식별되어야 하고, 그래서 코퍼스에 인위적인 정보를 부여하게 된다.

코퍼스에 부가되는 정보는 텍스트의 논리적 구조와 텍스트의 언어적 정보로 나눌 수 있는데, 주석은 코퍼스의 구성요소에 주석을 추가하는 첫 단계로서 두 개의 유형으로 구분되는데, 텍스트 자체에 추가되는 텍스트 주석과 각 텍스트의 파일 헤더의 형태로 외부적으로 저장이 되는 문헌정보적인 주석이 있다(Nelson 1996: 36). 텍스트 전체에 관련되는 주석은 텍스트의 언어적 정보를 명세화하므로 텍스트 주석이 되고, 텍스트 본문에 저장되는 주석은 텍스트의 논리적인 구조를 명세화함에 따라 문헌정보적인 주석이 된다. 텍스트의 논리적 구조에 대하여 살펴보면, 예를 들어 소설 텍스트는 제목명, 저자명, 차례, 본문 등으로 이루어지고, 본문은 장, 절, 단락, 문장으로 이루어지는 계층적 구조를 가지고 있다. 각종 텍스트의 논리적 구조를 통일된 형식으로 명시하는 방법으로 '에스지엠엘(SGML, Standard Generalized Markup Language)'이라 불리는 논리구조 기술용 언어를 사용하는 것이 일반적인 경향이다(황도상 외 2007: 289). 문서파일의 문서요소를 표준화하기 위한 방안으로 '텍스트부호화 기구(TEI, Text Encoding Initiative)'에 의해 텍스트 부호화를 위한 규약을 고안되었고, TEI는 코퍼스구축과 텍스트부호화를 위하여 기존의 SGML을 사용하였으며 이는 웹에서 사용되는 '에이치티엠엘(HTML, HyperText Markup Language)'과 유사한 방식이다. SGML은 사실상의 표준으로서 ISO에 의해서 사용되고, 가령 British National Corpus에서 제공되는 검색프로그램인 SARA와 같은 프로그램에서 운용이 된다(Lawson 2001: 296).

SGML이나 XML은 메타언어로서 직접적으로 특별한 태그세트를 규정하지는 않지만 코퍼스를 부호화하는데 있어 태그세트를 규정하는 메커니즘을 구현하는 것이다(Erjavec 2003: 94). 코퍼스를 부호화하는 사실상의 표준으로서 포맷은 SGML을 이용하는 것이며, 마크업 언어를 정의하기 위한 언어로서 SGML은 어떤 마크업이 필요한지, 텍스트로부터 마크업이 어떻게 구별되는지, 어떤 마크업이 어떤 곳에 나타날 수 있는지를 규정해주는 메타언어이므로(강범모 2003: 171), SGML은 태그세트를 명시하는데 사용되고 태그들의 유효한 조합을 기술하는 형식문법에서 이들의 관계를 명세화하는 것이다. 태그세트(tag set)는 코퍼스의 각 단어별 품사정보와 기호에 대한 부호정보에 대한 체계로서 한국어에 있어서 태그세트는 세종계획에서 만든 태그세트와 자연어처리를 하는 학자들이 만든 태그세트가 활용되고 있다(이태영 2003: 24). 병렬코퍼스를 위해서는 다른 언어와의 태그세트뿐 아니라 한국어의 처리에 있어서도 표준화가 이루어져야 하는 것이 선행과제이다. 그런데 헤더에 저장되는 정보를 명세화하고 저장하는 방식과 경계표지, 문서의 속성값을 제시하기 위하여 태그를 사용하는 마크업 'scheme' 등이 서로 다른 태그레벨을 사용하고 주어진 정보에 대한 명세가 없다면 헤더정보를 구조화하는 것은 표준화의 문제를 야기함에 따라 소프트웨어를 통해 서로 다른 코퍼스를 처리하는 것이 어렵게 된다. 따라서 코퍼스처리 소프트웨어의 사용자가 소프트웨어를 맞춤형으로 수정하여 모든 코퍼스에 사용되는 한 가지 포맷을 사용하여야 하고(Mason 2000: 39), 다양한 물리적 자료가 동일한 포맷으로 구성되어야 정보의 공유와 활용이 용이한데, 더욱이 두 개별언어의 언어적 자료인 코퍼스를 대조언어학적인 관점이나 번역학의 관점에서 연구할 때에는 동일한 포맷으로 가공된 코퍼스이어야 한다.

SGML이 유용하기는 하지만 사용하기가 복잡하여 널리 사용되지는 못하였지만, 다양한 마크업 언어가 있으며 마크업 언어에 있어서 가장 널리 사용되는 언어로 HTML을 들 수 있다. HTML은 하이퍼텍스트 문서를 위한 언어이며 웹페이지의 포맷으로 인터넷에서 널리 사용된다. HTML은 단순해서 사용하기 쉽지만 개별적인 태그의 입력이 허용되지 않아 한계를 지녔으며 따라서 다른 포맷으로 제시된 것이 XML이다. XML(Extensible Markup Language)은 W3C에서 다른 특수 목적의 마크업 언어를 만드는 용도에서 권장되는 다목적 마크업 언어이다. XML은 SGML의 단순화된 부분집합이지만, 수많은 종류의 데이터를 기술하는 데 적용할 수 있다. XML은 주로 다른 시스템, 특히 인터넷에 연결된 시스템끼리 데이터를 쉽게 교환할 수 있게 하여 HTML의 한계를 극복할 목적으로 만들어졌다(ko.wikipedia.org).

다음으로 코드에 대해서 살펴보면, 영어를 표현하는 코드는 기본적으로 '아스키코드(ASCII, American Standard Code for Information Interchange)'이다. 한국, 중국, 일본은 자국의 문자를 부호화할 때 2바이트를 사용하며 한 문자를 표현하는 바이트의 수가 1바이트 또는

2바이트를 차지하는 문자코드를 '엠비시에스(MBCS, Multi-Byte Character System)'라 하고, ASCII 문자 코드와 같이 일정하게 1바이트로 모든 문자를 표현할 수 있는 코드체계를 '에스비시에스(SBCS, Single-Byte Character System)'라고 한다. 일본어의 표준문자코드는 JIS X 0208: 1997로서 94X94행렬의 6,879문자를 정의하고 대부분이 한자이며, 마이크로소프트에서 만든 인코딩 방식은 Shift-JIS이며 일본에서 사용하는 대부분의 개인용 컴퓨터와 웹은 Shift-JIS코드를 사용한다. 중국어에 있어서도 대만은 번체를 표준으로 한 Big5를, 중국에서는 GB(GB2312)를 사용한다(연규동 외 2003: 170). 이러한 각국의 특징적인 코드에 대하여 인코딩 방식을 다른 언어로 변경하게 되면 알 수 없는 문자들이 나타나고 오류가 된다. 이러한 현상은 동일한 2바이트 영역 내에서 가령 일본문자와 한글을 인코딩하는 방식이 동일하기 때문이다(연규동 외 2003: 171).

컴퓨터 사용자의 기하급수적인 증가와 더불어 전 세계의 정보가 네트워크로 연결되면서 데이터 및 프로그램의 호환성과 확장성이 중대한 문제로 부각되고 있는 가운데 다국어언어를 효율적으로 처리하기 위한 공동의 작업이 바로 유니코드이다. 유니코드란 국제표준으로 제정된 2바이트체계의 '국제문자부호체계(UCS, universal code system)'를 말한다. 공식명칭은 ISO/IEC 10646-1(universal multiple-octet coded character set)으로 1991년 말에 유니코드 1.0이 발표되었고 1995년에 유니코드 2.0이 발표되었는데 2.0의 구조로서 65,536자의 코드영역과 38,885자로 주요 국가의 언어구현용으로 할당되었으며 6,400자는 사용자 정의영역으로 20,249자는 향후 추가될 언어영역으로 할당되었으며 하나의 문자를 표현하기 위해 16비트(2바이트) 크기를 사용하는 특징을 지닌다(한정한 외 2007: 35). 병렬코퍼스의 구축을 위한 정렬에 있어 향후의 각 디지털 문서나 웹페이지가 유니코드에 의하여 작성이 된다면, 코퍼스에 사용된 각 개별언어들이 그 비교가능성에 있어 동일한 코드로 이루어진 포맷으로 작성됨에 따라 용이하게 작업이 이루어질 수 있을 것이다. 다만 비교코퍼스 또는 병렬코퍼스의 문서나 웹을 통한 문서를 정렬하기 위한 호환성이 높은 코드변환이 이루어져야 한다.

4.3.3. 정렬

우리는 목표언어에서의 문장이 출발언어에서 어느 문장으로 번역되는지를 쉽게 결정할 수 없다. 정렬된 병렬코퍼스는 이러한 문제를 해결하기 위해서 연구자, 언어학습자를 비롯한 코퍼스의 이용자에게 병렬코퍼스에 있어서의 번역과 관련한 정보를 이용할 수 있도록 한다.

정렬(alignment)의 과제는 병렬코퍼스를 구성하는 한 특정언어로 쓰인 언어자료에 제시된 문단, 문장, 단어와 같은 단위요소가 다른 언어의 어떤 단위요소에 대응하는가를 발견하는 것으로(Oakes & McEnergy 2000: 2), 이는 각각의 단일언어 코퍼스에서 대조언어학과 번역학적 지식을 이용하여 병렬코퍼스를 구성하고자 하는 병렬코퍼스에서만 존재하는 과정으로 병렬코퍼스의 구축에 있어 중요한 의의를 지닌다. 병렬코퍼스에서 필요한 정보를 추출하기 위해서 주로 단락이나 문장층위에서 두 텍스트를 정렬하고 병렬코퍼스에서의 텍스트의 구성단위를 대조하는 것이다.

사실 단일언어 코퍼스에 비하여 병렬코퍼스는 그 구축과 분석에 있어서 더 많은 어려움을 지닌다. 단일언어의 일반코퍼스에서는 헤더와 형태소, 품사, 문장층위를 분석하고 그에 대하여 태깅을 함으로써 주석이 된 코퍼스가 이루어진다면, 병렬코퍼스에서는 두 개별언어에 대하여 기본적으로 문장구성 단위인 형태소, 단어, 구에 대한 분리원칙과 분리된 형태소, 단어, 구를 사상(mapping)하여야 한다. 그러나 언어유형적인 차원에서 그 어족을 달리 하는 언어, 특히 언어적 거리가 멀수록 언어 단위에 있어서의 이질성이 더욱 크다. 병렬코퍼스에 있어서 개별언어 간 언어 단위를 조정하고 병렬코퍼스에서 출발언어의 텍스트와 번역텍스트 사이의 문장, 구문, 단어의 번역등가를 찾는 것이 정렬이다. 정렬이 없이는 목표언어에서 어떤 문장이 출발언어에서 어떤 문장의 번역인지를 쉽게 결정할 수 없다. 정렬된 코퍼스는 병렬코퍼스의 번역에 관한 정보를 제공해 준다. 정렬에 있어서는 언어 간 유사성과 차이점을 고려하여 전처리작업이 이루어져야 한다. 가령, 동일어원에서 비롯된 영어, 불어, 독일어와 한국어, 일본어와의 정렬, 그리고 고립어인 중국어와 한국어의 정렬에 있어서도 하나의 단어가 하나의 형태소인 중국어와 어절 중심의 한국어 특성이 반영되어서 정렬이 이루어져야 한다.

비교코퍼스에 있어서 샘플링은 필수적인 요소로서 관련되는 두 개별언어를 대표하는 요소들은 비율, 장르, 도메인, 샘플링기간의 측면에서 사상이 이루어져야 하고, 병렬코퍼스에 있어서 본질적인 단계로는 출발언어와 그의 번역, 다시 말해서 문장이나 단어층위에서 두 개별언어의 요소들을 정렬시키는 것이다(McEnergy & Xiao 2008: 20).

병렬코퍼스는 다음과 같이 세 단계로 분류할 수 있다(김흥규 외

2000: 28-9). 제 1단계는 두 개별언어의 문장 대 문장 병렬코퍼스로 기초적 코퍼스이며, 대상언어에 따라 일 대 일, 다 대 일, 일 대 다 등의 양상을 보인다. 제 2단계의 형태분석태깅 병렬코퍼스는 해당 언어의 형태소분석이 이루어진 상태에서 두 언어를 정렬시켜 놓은 코퍼스이다. 형태분석 태깅은 각 형태소의 품사를 표시하는 것으로 이는 문장 대 문장 병렬코퍼스보다는 언어학적인 내용을 추가하여 보다 효과적이기는 하지만 1단계보다 더 어려운 분석과정이 필요하다. 제 3단계의 형태-구문분석 태깅 병렬코퍼스는 형태소분석 단계에서 진보하여 구문분석까지 이루어진 코퍼스로 명사구, 동사구와 같은 문법단위로 분석하는 가장 상위의 분석 정밀도를 가진다. 병렬은 코퍼스구성의 첫 단계로서 특성상 병렬코퍼스에만 존재하는 단계이다. 이론상 원천텍스트와 번역텍스트는 텍스트 대 텍스트, 단락 대 단락, 문장 대 문장, 절 대 절, 심지어는 단어 대 단어로 병렬시킬 수 있다. 병렬이 세밀하면 할수록 그 병렬은 더욱더 복잡해진다. 문장의 병렬은 번역자가 문장을 결합하거나 두 개나 더 이상의 작은 문장으로 분리하거나 전체 문장을 삭제, 재배열, 출발언어에는 존재하지 않았던 새로운 문장을 추가함으로써 더욱더 복잡해진다. 절의 병렬은 더욱더 복잡한데 구두점이 없을 경우 자동적으로 절 경계를 설정하는 것이 어렵기 때문이다. 단어병렬도 또한 언어들이 단어 대 단어로 번역이 되지 않는 한 명백히 어렵다. 대부분의 기존의 병렬코퍼스는 일 대 일의 대응을 할 수 없는 출발언어의 텍스트와 번역 언어의 문장을 다루기 위하여 일 대 다 또는 다 대 일의 대응을 하면서 문장층위에서 병렬을 이루고 이러한 병렬에 자동병렬 프로그램을 사용하는 것이다(Frankenberg-Garcia 2009: 57-71).

아울러 문장정렬의 방법에는 통계적인 방법, 언어적인 방법, 혼합법과 같이 3가지 방법이 있다. 문장정렬에 대한 통계적인 접근방법은 일반적으로 문장 당 단어나 문자 측면에서 문장의 길이에 근거한다. 반면 어휘접근법은 언어들 간의 유사점을 찾기 위하여 형태, 통사적인 정보를 이용한다. 어휘접근법은 통계적인 접근방법보다 더 정확한 정렬을 구할 수 있다. 그러나 필연적으로 속도가 느리고 대형의 코퍼스를 정렬하는 데는 적합하지 않다. 문장정렬에 가장 많이 이용되는 접근법은 혼합법이며, 보다 나은 정확성을 구하기 위하여 언어적인 지식을 확률적인 알고리즘으로 통합한 방법이다(McEnergy et al. 2006: 50). 이러한 정렬은 두 개별언어로 구성되는 병렬코퍼스에 있어서는 코퍼스구축 절차에서 설정되어야 한다.

4.4. 코퍼스를 통한 대조언어학과 번역학 연구의 수렴

4.4.1. 대조언어학과 코퍼스

대조언어학은 이론언어학과 응용언어학의 양면성을 지니며 이론적 언어학으로서 두 개 또는 그 이상의 개별언어를 대조분석하여, 음성학, 음운론, 형태론, 통사론, 의미론 등 언어학의 제 차원에서 개별언어들의 차이점과 유사점을 총괄적으로 기술하고 언어적 보편소를 규명하는 것은 이론적인 측면의 대조분석의 목적이고, 외국어 교육의 과학화와 효율성을 추구하는 가운데 간섭효과를 최소화하고자 하는 것은 응용언어학적 측면의 대조분석의 목적이다. 따라서 이론언어학 측면의 대조분석이든 응용언어학 측면의 대조분석이든 대조의 기법이나 접근방법에 있어서는 유사하거나 일치하지만, 전자는 언어적 보편소를 추구하고 후자는 외국어교육측면에서 난점 예측을 통한 오류의 최소화를 지향한다 할 것이다.

Munday(2008: 8-9)에 따르면, 대조분석이 번역연구를 지원하는 등 유용하다 할지라도 사회문화적, 화용론적 요소를 수용하지 못하였고, 의사소통 행위로써 번역의 역할도 수용할 수 없었지만 대조분석에서의 일반적인 언어학적 접근방법과 생성문법 또는 기능주의문법과 같은 특정한 언어학적 모델의 끊임없는 수용은 번역과의 본유적인 연관성을 입증하여 왔다는 것이다.

대조언어학은 코퍼스의 활용으로 인하여 직관에 기반한 대조언어학적 진술들을 지금까지 활용해올 수 있었던 대조자료에 비해 정량적으로나 정성적으로 방대한 경험적인 자료 속에서 테스트하고 계량화할 수 있는 방법을 가지게 된다(Granger et al. 2003: 18). 전통적인 의미에서 개념과 의미에 대한 연구는 내성에 의존하였다. 맥락과 언어적 사용을 고려대상으로 하는 연구는 실제 언어적 자료가 있어야 가능하다(Baker 1993: 236).

텍스트 검색소프트웨어가 세련되고 컴퓨터조판, 워드프로세싱, 자동자료 캡쳐(capture)기능과 CD-ROM의 발전과 더불어, 컴퓨터 하드웨어의 저장과 처리능력이 증가됨에 따라 코퍼스의 급속한 팽창이 있게 되었다(Laviosa 2006: 7). 이는 대조분석이 광범위한 코퍼스를 바탕으로, 전산에 기반을 둔 대량의 자료처리를 통해 가설입증이나 이론정립에 활용할 수 있었던 것을 뜻한다. Granger et al.(2003: 18)에 따르면, 대조분석을 급부상하게 한 요인으로, 외국어교육에서의 대조분석의 유용성, 당시에 있어서 다른 언어와 문화 간의 소통증대

외에, 코퍼스언어학과 자연언어 처리가 급격한 발전을 이루었기 때문인 것으로 보았다.

대조분석의 관점에서 볼 때에, 코퍼스, 특히 병렬코퍼스는 영어와 다른 언어들 간의 대조분석을 용이하게 하며, 번역이론의 발전을 진전시키고 외국어교육을 향상시키기 위한 것이다. 코퍼스를 분석하기 위해 문장을 정렬하고 다양한 종류의 검색을 수행하기 위한 소프트웨어가 개발되었으며 각종 검색어를 입력할 때에 그 검색어를 포함하고 있는 모든 문장과 이 표현의 번역을 포함하고 있는 문장의 목록을 얻을 수 있고, 대조분석을 통해서 이러한 분석이 가능해진다(Meyer 2002: 23). 자료에 가공이 주어지면 정보가 된다. 개별언어의 방대한 객관적, 물리적 자료가 코퍼스인데, 소프트웨어의 도움을 받아 분석하고자 하는 분석자의 관점과 조건에 따라, 두 개별언어의 음운, 형태, 의미, 통사, 화용 등 제 차원의 전산화된 코퍼스를 분석할 수 있다. 분석자의 의도에 따른 가공과정을 거쳐 어떤 결과를 도출하였을 때에 이것이 정보로서의 가치를 지니며, 이러한 정보가 사전편찬, 번역의 용도, 외국어교육 등의 의도대로 활용이 가능하게 된다.

학습자들이 만들어내는 코퍼스, 즉 학습자의 중간언어가 표현된 코퍼스를 중심으로 대조분석을 하여 학습자의 오류를 규명할 수 있다. 그 오류들을 규명하기 위해서, 특별한 프로그램과정을 거친 전용소프트웨어나 분석목적에 맞게 조정된 범용소프트웨어를 사용할 수 있다. 코퍼스를 처리하기 위한 툴로서의 소프트웨어가 갖추어야 하는 기본적인 기능으로 단어의 빈도, 콘코던스 그리고 검색기능을 들 수 있으며, 대단위코퍼스를 처리하기 위하여 보다 더 정교한 툴이라면 레마화(lemmatization), 태깅(tagging, part-of-speech labelling), 그리고 파싱기능(parsing)이 있어야 한다(Atkins et al. 2007: 103). 학습자들의 코퍼스, 그리고 원어민의 코퍼스와 외국어학습자의 코퍼스를 대조분석함으로써 해당오류들의 빈도분석, 추세분석, 시계열분석을 통하여 언어 간 간섭에 의한 오류인지 언어내적인 오류인지를 파악하고 오류의 원인과 빈도를 파악 및 추적할 뿐만 아니라, 중간언어에서 목표언어로 접근하는 전 과정을 모니터링 할 수 있다(서정목 2009a: 80).

4.4.2. 번역학과 코퍼스

일반언어학에 있어 이론언어학과 응용언어학으로 구분할 수 있듯이, 번역학도 여러 분야의 하위 언어학으로 분류할 수 있다. 특히 어떤 언어를 대상으로 하여 특정한 시기의 상태를 과학적으로 기술하는 언어학의 한 분야로서 기술언어학이 존재하듯이, 번역에 있어서도 기술번역학(descriptive translation studies)이 존재한다. 언어학 일반에 있어서 대조언어학과 번역학에 있어서의 기술번역학이 각각의 영역에 있어서 차지하는 위치는 유사하다고 할 수 있다.

기존의 번역학은 크게 순수번역학과 응용번역학으로 분류된다. 순수번역학은 다시 이론번역학과 기술번역학으로 분류된다. 이론번역학은 번역물과 번역현상을 설명하고 예측할 수 있는 원칙을 정립하는 것이며, 기술번역학은 번역물과 번역현상을 있는 그대로 기술하는 것이다. 이론번역학은 일반적인 연구와 부분적 연구로 대별되고, 기술번역학은 번역물 중심의 연구, 과정 중심의 연구, 기능 중심의 연구로 다시 나뉜다. 여기서 번역물 중심의 연구는 현존하는 번역물을 연구하는 것이며, 과정 중심의 연구는 번역 중 번역자의 머리 속에서 일어나는 과정을 연구하며, 기능 중심의 연구는 번역물이 목표언어권에서 수행하는 기능을 연구한다. 응용번역학은 번역교육, 번역보조, 번역정책, 번역비평 분야로 나뉜다(Holmes 1994: 71-78, 곽성희 2001: 152). 기술적 방법론은 실제의 번역산출물에서 나타나는 관찰 가능한 현상들로부터 번역행위를 지배하는 관찰될 수 없는 요소들, 즉 이론 설정으로 점진적인 귀납적인 진행과정으로 이루어진다. 이러한 과정의 각 단계에서 경험적 기술을 기초로 하여 가설들이 형식화되고 이 가설들은 발견절차를 통해서 증명이 되는데, 이 발견절차는 처음에는 개별텍스트에 적용되고 그 다음에는 동일한 목표문화 속의 확장된 코퍼스에 그리고 그 범위를 넘어서 적용이 되며, 점점 더 높은 수준의 일반화들을 달성하고자 한다(Laviosa 2006: 15). 번역학의 기술적 접근법과 코퍼스언어학의 기저원리도 많은 유사점을 가진다. 기술번역학과 코퍼스언어학은 공히 직관적 자료와 선험적 가정에서 근거한 관찰보다는 경험적 시각을 수용하고 실제 생활의 용례를 직접 관찰함으로써 각각의 대상을 조사한다(Laviosa 2006: 16).

따라서 주로 기술번역학적 방법론에 기초한 코퍼스기반 연구는 번역의 개념화, 연구 및 교수 학습이론에 새로운 방법으로 코퍼스번역학의 결합은 새로운 패러다임이 될 수 있고, 새로운 패러다임으로서의 코퍼스번역학은 원문텍스트와 번역텍스트의 코퍼스를 이용하는 하위분야로서 그 목적은 번역산출물과 번역과정에 대한 실증적 연구, 이론적 틀을 정교화하고 번역가를 양성하는 것이다(Granger et al. 2003: 32). 코퍼스에 기반한 번역학은 번역학의 이론, 기술 응용 각

분야와 연관되어 전반적인 지원관계에 있다고 할 수 있다. 다시 말해 그 이론적 연구는 연구가설과 분석방법을 정교화하고 번역행위의 기저에 있는 언어적 문화적 개념적 원리를 상세하게 설명하는데 초점을 두고 있다. 그 기술적 연구는 여러 언어에 관해 비교가능한 실증적 자료를 축적해 두고 있고 응용분야는 번역가를 양성하기 위한 혁신적이고 효과적인 방법을 발전시키고 있다(Granger et al. 2003: 32). 여기서의 이론적, 기술적, 응용적 분야가 바로 번역학의 주요 연구분야로서 바로 위의 이론번역학, 기술번역학, 응용번역학의 영역이 된다.

코퍼스에 기반한 번역학은 대조언어학적 연구분야뿐만 아니라, 자연언어의 기타 변이형과 같이 특별한 변이형으로서 번역어의 고유한 특징을 밝히는 주요한 방법으로 간주된다(Baker 2009: 239). 이러한 번역어의 고유한 특성이 개별언어에서 공통적인 요소를 찾을 수 있다면 이것은 보편소적인 특성이 될 것이다.

출발언어와 목표언어로 구성된 병렬코퍼스에 있어 목표언어로 쓰인 번역텍스트의 특성으로, 번역의 보편소라는 용어는 원래의 텍스트보다는 번역에 전형적으로 나타나는 번역과정과 관련된 특정한 언어쌍의 영향으로부터 독립적인 언어특성을 가리키며 Baker가 논의한 번역보편소(translation universal)는 다음과 같다(Baker 1998: 288-91). 번역보편소란 원문텍스트에서 보다는 번역텍스트에 전형적으로 나타나는 언어적 특징이며 번역과정에 관련된 특정언어의 영향과는 독립적인 요소이다. 모든 형태의 번역텍스트에 공통적인 언어적 특징은 주로 대조분석을 통해서 확인된다. 이러나 특징들은 단순화, 원문텍스트에 나타나는 반복의 회피, 명시화(explicitation), 규범화, 담화전이, 그리고 어휘항목의 변별적 분포를 들 수 있다.

Laviosa(2006)가 제시하는 코퍼스에 기반한 번역학의 응용분야로 서는 이중어 비교코퍼스를 이용한 번역가훈련, 대조적 병렬기술, 목 표언어/단일언어 코퍼스를 이용하는 번역가훈련, 그리고 전문번역 가를 위한 자료로서의 코퍼스의 활용을 들 수 있다.

4.4.3. 대조언어학과 번역학 연구의 수렴

전술한 바와 같이 공통기반을 둔 대조언어학과 번역학의 연구분야 가 코퍼스의 등장과 함께 최근에 이르러 수렴되기 시작했고, 또한 실증적인 자료의 뒷받침이 없었던 이론을 확증하고 정제하고 보다 더 높은 기술적 타당성을 달성하기 위해서 코퍼스에 의존하였다 (Granger et al. 2003: 17-9).

비교코퍼스에 대한 샘플링이 비교가능성을 지닌다면 비교코퍼스 는 병렬코퍼스와 조합하여 이용될 때에 대조분석과 번역연구에 있어 서 중요한 언어적 자료가 되고, 특히 번역문의 특징을 정확하게 파악 하기 위해서는 병렬만으로는 번역문의 특징을 파악할 수가 없으므로 3개 이상의 코퍼스로 비교하여야 각 개별언어의 특징과 번역어투 (translationese)를 구분할 수 있다. 왜냐하면 비교코퍼스를 통해서 가 령, 출발언어와 목표언어로 이루어진 코퍼스를 통하여 각 개별언어 의 빈도, 연어, 용례 그리고 분포적 특성을 찾아서 개별언어의 특성 을 규정하고 또 목표언어로 번역이 된 번역코퍼스를 통해서 번역이 된 언어의 빈도, 연어, 용례, 분포적인 특성을 파악할 수 있으며, 이 들의 병렬코퍼스를 통해서 빈도, 연어, 용례, 분포적인 특성을 찾아 언어적 특성을 결정지을 수 있게 되는 것이다. 다양한 코퍼스를 적용한 대조분석과 번역학적인 지식으로 언어유형론적인 언어 간의 차이점과 유사성과 언어보편소, 번역에 있어서의 번역보편소를 찾고 보편소연구의 범위를 넘어 번역전이 및 번역규범(translation norm), 코퍼스에 기반한 번역의 문체를 파악할 수 있다. 현실적으로 번역작업에 대한 검증에 반드시 필요함으로 대조분석은 재정립 되었고 코퍼스 번역을 비롯한 번역의 제 영역과 코퍼스언어학에 있어서 병렬코퍼스의 분석수단으로 그 영역을 확대할 수 있게 된 것이다.

Granger et al.(2003: 25)에 따르면 연구목적의 유사성으로 인하여 대조언어학과 번역학의 분야는 많은 부분을 공유한다. 비록 각 분야가 다른 목적을 위하여 정보를 사용할지라도 어떻게 동일한 대상이 다른 방식으로 이야기가 되는지를 살펴보는데 공통된 관심을 갖고 있다. 대조언어학과 번역학 연구자들이 동일한 유형의 자료에 의존하고 동일한 소프트웨어 툴을 사용하며 동일한 코퍼스에 기반한 응용프로그램을 통하여 사전, 문법과 같은 참고자료 그리고 교수 방법에 관심을 가지고 있기 때문에 두 분야가 근접할 가능성이 크다.

대조언어학과 번역학 연구에 코퍼스를 사용함으로써 혜택을 받고 있다 할지라도 코퍼스에 기반한 연구방법이 사실 전자코퍼스에 대한 이용가능성이 제한되고 병렬코퍼스의 부족으로 인해 전자코퍼스의 기반에 대한 연구에 대한 대안으로 원문으로 이루어진 비교코퍼스를 사용하며 또한 다른 언어의 번역을 위해 원어민의 직관에 의존하는 방법이 있다(Granger et al. 2003: 22-23). 그러나 최근 인터넷 등의 보급을 통해 국제적인 문화, 경제 교류와 정보소통이 폭발적으로 증가함에 따라 어느 때보다도 자동번역이나 다국어 정보검색 등의 필요성이 급속하게 커지고 있는 가운데 이러한 현실의 요구를 충족시키기 위해서는 언어정보의 공동자원화가 필요하다. 특히 기계번역, 번역검증시스템, 언어교육, 비교언어학 등의 연구와 경쟁력 높은 정보산업 제품개발을 위해서는 둘 이상의 언어를 병렬적으로 대응시킨 병렬코퍼스가 필수적이다(김흥규 외 2000: 24).

대부분의 전산시스템은 독립적인 시스템이 아니라 네트워크에 의해 연결된 웹기반의 시스템으로 웹에 전 세계의 주요 언어들이 가령, 영어와 기타 언어, 기타 언어와 기타 언어로 병렬되어 구성된 병렬코퍼스가 존재한다. 이런 병렬코퍼스를 바탕으로 하여 웹상의 두 개별언어로 병렬코퍼스를 구축하고 또한 이러한 대응과 정렬을 위한 기제인 대조분석과 번역등가를 통해 코퍼스 내의 단락이나 문장들의 대응을 통하여 정렬을 이룬다.

4.5. 끝맺는 말

본 장에서는 실증적, 경험주의라는 공통분모를 중심으로 대조언어학과 번역학에 있어서 코퍼스에 기반하는 연구방법을 다루었다. 물리적 자료인 코퍼스를 바탕으로 가설과 모형을 정립하는 일련의 과정은 과학적인 연구방법론을 필요로 한다. 효율적으로 전산화된 툴과 기술을 통하여 코퍼스언어학자들에 의해 검토되고 처리됨으로써 이러한 언어자료의 귀납적 방법에 의한 기술을 통해 언어의 일반적 원리를 추구하고 객관적 사실에 근거한 언어학적 이론을 설정하게 된다. 이러한 범언어적 연구방법론에 근거하여 선택된 개별언어에 대한 대조언어학과 번역학의 수렴이 이루어질 수 있다.

제5장

번역전이에 따른
문체의 비교방법론

5.1. 시작하는 말

본 장에서는 첫째, 번역텍스트에 나타나는 번역자의 문체상의 특성을 비교하기 위해서, 문체의 개념과 정의, 그리고 개인적 특성으로서의 문체를 먼저 살펴본다. 둘째, 출발언어에서 목표언어로의 번역전이에 따라 번역텍스트에 나타나는 문체가 번역자의 재표상에 따라 번역텍스트가 번역자의 선택과 의도에 따라 구성되고 전개되는 과정을 살펴본다. 셋째, Vinay & Darbelnet(1958)의 비교문체론적 방법론, Malone(1988)의 번역기법, van Leuven-Zwart(1989)의 모델을 비교하여, 각 방법론에 속하는 번역기법, 번역전이의 연관성을 규명한다. 또한 van Leuven-Zwart(1989)의 번역 비교모델을 중심으로 Vinay & Darbelnet(1958)의 비교문체론적 방법론, Malone(1988)의 번역기법을 반영한 비교방법론을 제시한다.

5.2. 번역과 문체

5.2.1. 문체의 개념과 정의

언어와 관련하여 'style'을 해석하면, 사용하는 언어의 종류, 형식, 모양, 그리고 언어표현의 독특한 방법, 양식, 한 시대나 개인 특유의 언어 유형으로 파악할 수 있다. 이러한 것이 문체라고 한다면 문체를 학문적 층위에서 다루는 것이 'stylistics', 즉, '문체론'이 되며, 언어의 형태, 모양, 사용 및 표현방법과 관련하여 각 언어의 구성요소들을 연구하는 언어학의 분과학이 된다.

문체의 구성요인으로 개인적 문체의 형성과 사회적 문체의 형성을 들 수 있다. 개인적 문체는 다른 작가와의 차이점, 개별성에서 문체가 드러나고 사회적 문체는 보편적이고 일반적인 특성을 나타낸다. 개인적 문체는 글의 장르와 언어 환경과 같은 언어적 요인, 작가의 품성과 독자의 인식과 같은 개성적 요인, 이해, 비교, 분석, 상상, 추리, 종합, 비판과 같은 정신적 작용에 따른 심리적 요인, 서술, 묘사, 상징, 비유, 함축, 강조와 같은 표현적 요인으로 구성된다. 사회적 문체는 역사적 요인, 사회적 요인, 정치적 요인, 문화적 요인, 언어적 요인 등으로 구성된다. 따라서 문체란 외형적인 것이면서도 때로는 이러한 외형을 통하여 내적 질서나 내적 본질까지도 짐작할 수 있는 문자언어의 형식적 특징으로서, 그 텍스트가 쓰인 사회, 시대, 성별, 글의 성격 등 사회적인 성격과 개인적인 특징을 반영하는데, 문체론은 이 두 가지 차원의 문체를 연구하는 학문이다(박갑수 1994: 21).

사실 고대 수사학적 전통을 반영한다면 문체론은 오랜 역사를 지니며, 그 위상에 있어서도 다양한 견해를 보여준다. 언어학적 관점과 문학의 관점에서 중첩되는 영역을 확인할 수 있을 것이며, 사회학이나 심리학적 시각도 수용함으로써 사회과학과의 접목도 가능하고, 코퍼스문체론(corpus stylistics)이나 포랜식문체론(forensic stylistics)과 같이 언어학적 지식을 토대로 하여 컴퓨터와 통계학 영역과의 접목도 시도되고 있다.

언어학적 방법이라면, 음성·음운론, 의미론, 통사론, 화용론, 담화분석과 같은 언어학을 구성하는 분과학의 연구대상이 음성, 음소에서 형태소, 문장, 의미, 텍스트로 확장되듯이, 문체론의 연구대상인 문체를 구성하는 음성, 음소에서 형태소, 문장, 의미, 텍스트를 대상으로 각 언어학의 분과학이 접근하는 방법으로 연구하는 것이 언어학적 연구방법이다. 따라서 문체를 다루는 문체론이란 언어학의 새로운 영역이 아니라 언어의 모든 영역에 관여하는 특수한 표현의 양상을 대상으로 한다(Guiraud 1979: 49). 아울러 심리학적, 수사학적, 전산언어학적 연구방법을 적용할 때는 특별한 문체론의 연구방법이 된다. 오늘날 컴퓨터의 영향으로 물리적 언어재료인 코퍼스를 대상으로 그 코퍼스가 구성되는 요소인 음소, 형태소, 어휘들의 출현 빈도, 연어, 용례 등의 분석을 바탕으로 하는 코퍼스문체론은 문체에 대한 정량적 분석방법을 제공한다. 텍스트에 나타난 어휘, 통사, 의미 등 제반 언어적 요소를 통하여 문체에 정성적인 분석이 가능하며, 따라서 정성적 분석과 정량적 분석은 상호 보완의 관계가 된다.

아울러, 언어학적 관점에서 비롯되는 문체의 종류로 첫째, 방언, 고유어, 한자어, 외래어, 특수영역의 용어와 같이 어휘에서 비롯된 문체, 둘째, 경어법, 시제, 문장구조와 길이와 같이 문법에서 비롯되는 문체, 셋째, 텍스트의 유형에서 비롯되는 문체를 들 수 있다(박갑수 1994: 73-99). 이석규 외(2002: 223-232)에서 추가적으로 제시되는 문체의 유형에는 구어체와 문어체, 그리고 특히 지칭어와 높임법의 문제도 중요하다. 이렇게 문체에 영향을 미치는 요인들에 따라 개인의 문체가 결정된다. 이와 관련하여 번역의 관점에서 다음과 같이 두 가지의 고려사항이 제시된다. 첫째, 다양한 언어적인 층위에서 이루어지는 문체가 출발언어에서 목표언어로의 번역과정에서 출발언어의 특성상 목표언어로 번역 시에 언어 간 차이에 따라 원천적으로 적용이 불가능한 영역이 존재하기도 하지만, 문체상의 효과를 발휘하는가라는 출발언어와 목표언어와 같은 두 개별언어 간의 문체, 둘째, 동일한 출발언어 텍스트를 대상으로 하여 여러 번역자에 의하여 번역이 이루어진 여러 목표언어 텍스트에 있어서 번역텍스트가 각각 제공하는 문체의 효과에 대한 것으로, 이는 목표언어 내에서 제 번역자 간의 언어 내적인 문체이다. 따라서 번역자의 문체 비교라는 영역도 이와 같이 설정이 가능하게 되는 것이다.

5.2.2. 개인적 특성으로서의 문체

문체란 광의에 따르면, 작가의 본성과 의도에 따라 결정되는 표현수단을 선택한 결과로 나타나는 언어의 기술양상으로서 표현, 표현의 양상, 작가의 본성이나 의도를 포함한다(Guiraud 1979: 120). 이러한 광의의 개념과 같은 맥락에서 문체는 개성적 문체와 유형적 문체로 나눌 수 있다. 언어사용자 개인의 성격을 표현하는 문장이 가지는 개성을 개성적 문체라고 한다. 이에 대하여 개인을 초월하여 어떤 언어에도 있을 수 있는 시대적인 문체라든지, 또는 다른 언어에 대별되는 특정언어의 문체를 논의의 대상으로 하는 경우에 유형적 문체가 된다(이석규 외 2002: 223). 다음의 인용에서 보는 바와 같이 유형적 문체와 개성적 문체로 크게 나누어 볼 수 있다(이종오 2006: 86). 문체는 유형적 문체와 개성적 문체로 대별되는데 개성적 문체는 흔히 문장양식을 가리키고, 유형적 문체는 많은 표현에 공통되는 어떤 문체상의 특수성이 인식되는 것을 가리킨다. 표기형식이나 어휘, 어법, 수사, 문장, 형식에 따라 여러 가지 유형적 문체가 이루어지고, 시대나 지역사회에 따라 다른 유형적 문체가 이루어지기도 한다. 한편, 개성적 문체란 어떤 표현의 특수성이 유형을 띠지 않고 독자적인 성격을 지니는 경우를 가리킨다. 이는 작가와 작품에 국한되지 않고 넓게는 특정한 필자와 문장에 나타난다.

수사학과 관련하여 우리가 알고 있는 문체의 종류로, 문장의 장단에 따라 간결체와 만연체로, 표현이 강하고 약함에 따라 강건체와 우유체로, 수식어의 많고 적음에 따라 건조체와 화려체로, 그 어투에 따라 구어체와 문어체로, 그리고 운율에 따라 운문체와 산문체로 구분할 수 있다. 문체란 문어에 있어서 집단 또는 개인의 변이를 반영한다. 개인적인 변이는 저자가 사용할 수 있는 모든 형식 중에서 한 가지를 선택한 결과이며, 규범 내에서의 변이, 규범으로부터의 일탈, 그리고 저자 개인의 특성을 보여준다. 저자의 문체는 저자가 반복해서 사용하는 문법적인 패턴의 특이한 총체이다. 언어학적 문체론이란 저자가 속한 집단에서의 언어나 방언에서 확인되는 문체표지 (stylistic marker)뿐만 아니라 저자 한 사람의 개인어에서 관찰되고 기술되는 개인의 문체표지를 과학적으로 분석하는 것이다(McMenamim 2002: 115). 일반적으로 우리가 말을 할 때 사람마다 고유의 독특한 어법과 말버릇, 음성이 있듯이, 작가들도 글을 쓸 때에 사용하는 자기 고유의 어법이 있다. 그 어법에 따라 어떤 사람의 글은 강건체와 같이 강한 느낌이 나고, 어떤 사람의 글은 우유체와 같이 부드럽기도 하며, 때로는 건조체로 건조한 느낌이 들기도 한다(이종오 2006: 17). 따라서 유형적 문체와 개성적 문체론으로 대별한다 할지라도 이들을 완전히 구분되는 별개로 볼 수는 없으며, 유기적으로 작가의 문체를 구성하여 저자판별(authorship attribution)도 가능하게 하는 것이다.

McMenamim(2002: 76)에 따르면, 정량적인, 정성적인 분석방법으로 문체의 분석에 접근할 수 있다. 텍스트의 특성이 확인되고 특정 저자의 특성으로 귀속이 된다면 이는 정성적이라 할 것이며, 문체표지의 확인을 통하여 텍스트의 빈도를 비롯한 계량적 정보가 파악이 된다면 이는 정량적인 분석방법이 된다. 통계, 계량적인 분석방법에 의존하는 정량적 분석과 언어직관이나 주관적인 판단을 주로 하는 정성적 분석은 상호배타적이 아니라 모두 필요하며, 상호의존적일 때에 가장 효율적으로 운용된다고 할 수 있다(Semino & Short 2004: 6).

의사소통이 가능하도록 하기 위해서 요구되는 것이 규범에 대한 일탈이다. 일탈은 수단으로 번역자 임의대로 하는 것이 아니라 원저자가 그 어떤 목적을 위하여 일탈시킨 언어요소를 목표언어로 재표상한 것이다. 일탈의 뒤에는 항상 번역자의 의도가 받쳐주고 있는 것이다. 언어음, 단어, 문법, 의미, 방언, 사용역과 같은 영역의 일탈이 구체적으로 표현된다(한동호 2005: 21). 이러한 일탈이 각 개인의 문체를 형성하게 되고, 바꾸어 말하면, 원저자나 번역자를 구별 또는 식별할 수 있는 특징을 제공하게 된다는 것이다. 일탈의 반대개념이 규범적 사용이며, 이러한 반복되는 규범과 그에 대한 일탈이 특정인의 문체를 결정짓는다. 다양한 장르를 오가면서 활동하는 작가들에게 있어서도 작가의 문체는 작가 고유의 지문과 같은 요소로 볼 수 있다. 따라서 원저자뿐만 아니라 번역에 있어서 문체적 특징이 노출되는 것이다. 아울러 '문체는 곧 그 사람이다.'라는 유명한 금언에서 보이는 것처럼, 언어적 표현 방식과 관련된 여러 요인을 객관적이고 과학적 기술, 다시 말해 코퍼스라는 자료의 분석을 통해서 결론을 추론하는 귀납적 방식으로 문체를 연구할 수 있다(이종오 2006: 34). 이러한 방법론에 따라 작가의 문체가 작가 고유의 지문과 같은 요소이듯이 번역자 고유의 지문과 같은 문체적 특징을 통해 번역텍스트에서의 문체를 파악할 수 있는 것이다.

5.2.3. 번역에 있어서의 문체

먼저 번역과 문체를 Saussure가 제시한 일반 언어학적 특성과 관련하여 살펴보면, Saussure의 구조주의적 관점에서의 언어학적 특징으로 첫째, 랑그(langue)/빠롤(parole), 둘째, 기표(signifier)/기의(signified), 셋째, 계열적 관계(paradigmatic relation)/통합적 관계(syntagmatic relation), 넷째, 공시태(synchrony)/통시태(diachrony)를 들 수 있다. 첫째, 랑그/빠롤과 번역에 있어서 문체와의 관계를 보면, 번역이란 랑그의 번역이 아니라 빠롤의 차원에서 이루어진다(Fawcett

2003: 4). 그리고 "번역학은 빠롤의 과학이다."(Koller 1983: 183)라는 주장들은 공히 문체와 관련시켜 볼 때에 번역이란 언어적 규범으로서의 체계인 랑그가 아니라, 출발언어에서 목표언어로의 번역과정에 있어서 언어적 기호가 전달하는 의미와 상황과 맥락에 따른 번역 기법과 전략을 통해 문체가 반영되는 빠롤이라는 것이다. 둘째, 기표/기의와 번역에 있어서 문체와의 관계를 살펴보면, 내적인 의미인 기의와 의미를 전달하는 외적형식인 기표의 결합은 자의적인 것이고, 출발언어에서 목표언어로 번역될 때에 단순한 기표의 대체만으로 동일한 기의가 전달되는 것은 아니며, 특히 '가짜 친구'라는 의미의 '포자미(faux amis)'의 경우라면 동일한 기표라 할지라도 출발언어와 목표언어 내에서의 그 기의는 다르다. 따라서 기의의 측면에서 적절한 번역을 위한 문체상의 효과를 고려한 번역이 이루어져야 한다. 셋째, 계열적 관계와 통합적 관계에 대하여 살펴보면, 안정효(2006: 91-92)가 제시한 문체의 결정요소로는 첫째, 단어의 선택, 둘째, 문장의 장단, 셋째, 구두점이 있으며, 결국 단어가 모여 문장을 만들고 문장이 모여 작품을 이루고 작품이 모여 문체를 나타낸다. 즉, 사용하는 단어의 종류에 따라 문체와 분위기가 결정된다. 이러한 견해는 Jakobson이 문체와 언어적 선택과 결합을 관련지운 바와 같은 맥락이다. Jakobson은 문체에 있어서 Saussure의 기호관계 이해와 관련하여 언어체계의 모든 차원에서 언어요소들의 계열적 관계와 통합적 관계 축의 틀에서 선택과 조합의 결과로 보았다(Sowinski 1991: 34-35). 따라서 번역과정에서 번역자의 재구조화, 재창조과정에서 계열적 관계와 통합적 관계의 선택에 의하여 문체가 형성되는 것이다. 넷째, 공시태와 통시태와 관련하여 문체를 보면, 동일한 작

가라 할지라도 초기와 후기의 작품 경향에 있어 통시태적 관점에서 문체가 다를 수 있다. 이러한 출발언어에서의 문체상의 차이나 변화 추이는 번역에 있어서 통시적인 관점에서 목표언어 문체에서도 살펴볼 수 있다. 한국의 번역상황을 예로 들면, 20~30년 전과 비교할 때에 한자어 사용이 급격하게 줄어들고 한글 구어체 비중이 높아졌는데(hermes.khan.kr/68), 이는 출발언어에서 목표언어로의 번역에 있어서 통시적 관점에서 문체에 나타난 변화를 보여준다. 공시태적 관점에서 번역과 문체에 대한 연구로는 한 번역자의 번역문체는 동시대에 이루어진 출발언어와 목표언어로 이루어진 병렬텍스트에 대한 정성적, 정량적인 분석을 통하여 그 번역자의 문체로 특징지을 수 있는 특성들을 찾아 볼 수 있을 것이다.

문체는 저자가 '무슨 정보를 제공하느냐?'의 관점보다도 '저자가 어떻게 정보를 제공하느냐?'의 시각으로 접근해야 하고, 수신자가 받아들이는 인상에 의하여 그 텍스트가 수사학적, 학술적, 서정적, 사실주의적인 것으로 판단할 수 있으며, 이에 근거하여 문체가 형성된다(구래복 1988: 38). 번역텍스트와 관련시켜 보면, 번역텍스트에 있어서 어떻게 정보가 전달되고, 이 번역텍스트를 수신자가 어떠한 인상으로 이러한 정보를 받아들이는가 하는 것이 번역텍스트에 있어서 문체의 형성이라 할 것이다. 따라서 번역은 출발언어의 원문을 단순히 전사하는 것이 아니라 출발언어에서 가지는 의미를 재창조하는 것이고, 목표언어에서의 허용된 문체상의 의미를 재창조하는 것이며, 의미론적 가치를 일일이 따져 번역하거나 형태론적 변형이라기보다는 그 이상의 무엇이 필요하다(김효중 1998: 148).

문체의 번역은 단순히 언어의 표층변화를 재표상하는 데 만족하는 것이 아니라, 최하위의 언어적 사실에서부터 그 작가의 세계관에 이르기까지 유기적으로 연결된 모든 것을 재표상하는 과정이다. 재표상된 목표언어 텍스트의 의미는 목표언어 그 자체에서 재조정이 이루어질 뿐 아니라 문맥과 그 언어를 사용하는 화자의 상황 및 목적과 언어이외의 지식에서도 재구조화가 이루어진다(한동호 2005: 19). 이러한 재구조화과정에 따라 문체가 형성되고 구체화되는 것이다.

Wilss(1977: 72)는 "번역이란 출발언어의 텍스트로부터 가능한 한 등가의 목표언어의 텍스트로 인도하는 것이며, 텍스트의 내용상의 그리고 문체상의 이해를 전제로 하는 텍스트 가공과 텍스트 재언어화과정"이라고 하였다. 번역과정은 번역자가 출발언어 텍스트를 자신의 의미 의도와 문체 의도에 따라 분석하는 단계와 번역자가 의사소통상의 등가의 관점을 가장 적절히 고려해서 내용적으로나 문체적으로 분석된 출발언어 텍스트를 목표언어 텍스트로 재생산하는 언어적 재구성단계, 혹은 재표현 단계로 양분하였으며, 이러한 견해는 아래에서 제시된 영어텍스트 번역의 인지적 과정에서 영어를 출발언어로 한국어를 목표언어로 설정한 번역과정과 동일한 맥락이 된다.

문체에 대한 논의는 표현의 결과물이 지닌 특성을 대상으로 하는 것이 일반적이며, 표현의 결과물이 지닌 특성은 표현의 과정에서 저자가 행한 특징적인 사고작용 또는 문제해결 작용에 대한 그 근원과 발단을 제공한다고 할 수 있다. 따라서 번역에 있어서도 그 과정을 관찰함에 따라 결과물의 특징, 즉 문체의 생성요인을 이해하는데 도움이 된다(박영목 1994: 89).

번역자는 원저자가 작성한 출발언어 텍스트를 통하여 새로운 목표언어 텍스트를 재표상하게 되며, 이 재표상의 과정에 영향을 미치는 요인으로 [도식 5]에서 보는 바와 같이 번역자의 영어사용기능, 원저자가 쓴 텍스트의 내용에 대한 선지식, 영어텍스트에 대한 관습과 규칙에 대한 지식, 그리고 작문의 목적, 원저자의 글을 쓴 목적, 예상독자, 저자의 입장과 같은 문체론적 상황에 대한 인식이며, 이러한 요인에 영향을 받게 됨에 따라 번역자가 재표상하는 번역텍스트는 번역자의 의도와 문체로 이루어진 텍스트로 산출되는 것이다. 따라서 영어번역에 따른 문체를 추적 및 확인하는 과정에 있어 출발언어인 영어에서 목표언어인 한국어로의 번역과정 중 번역자의 의도와 문체에 관여되는 영역은 독자로서의 번역자와 저자로서의 번역자가 개입되는 과정이다.

[도식 5] 영어텍스트 번역의 인지적 과정(박영목 1994: 90)

원저자

영어텍스트의 표상

영어텍스트

-영어사용기능
-텍스트의 내용에 관한 활성화된 지식
-영어텍스트의 관습과 규칙에 대 한 지식
-문체론적 상황에 대한 인식

번역자(독자)

영어텍스트의 재표상

-영어사용기능
-텍스트의 내용에 관한 활성화된 지식
-영어텍스트의 관습과 규칙에 대한 지식
-원저자가 처한 문체론적 상황에 대한 인식

번역자(저자)

한국어텍스트의 재표상

-한국어사용기능
-한국어텍스트의 관습과 규칙에 대한 지식
-번역자가 처한 문체론적 상황에 대한 인식

한국어텍스트

이를 언어적 기호의 번역에 있어서 첫째, 동일한 언어의 다른 기호, 둘째, 다른 언어의 기호, 셋째, 기호의 비언어적인 체계와 같이 세 가지 종류의 번역에 적용시켜 볼 수 있다. '언어 내 번역', 즉 '말 바꾸기'는 동일한 언어의 다른 기호에 의하여 언어기호를 해석하는 것이다. '언어 간 번역', 즉 '본유적 번역'은 다른 언어에 의하여 언어적 기호를 해석하는 것이다. '기호 간 번역', 즉 변환은 비언어적 기호체계의 기호에 의하여 언어적인 기호를 해석하는 것이다(Jakobson 1959: 139). 다른 언어의 기호 간 번역인 본유적 의미의 번역에서 번역자는 출발언어 텍스트를 재표상하고 그 언어적 기능, 관습과 규칙에 대한 지식을 구비하고, 출발언어 텍스트에서의 문체론적 상황을 파악한다. 다음으로 목표언어에 의한 언어적 기호를 해석하는 과정에서 그 언어적 기능, 관습 및 규칙뿐만 아니라 출발언어에서 원저자가 처한 문체론적 상황에 대한 인식으로부터 이제는 번역자가 처한 문체론적 상황을 반영한 번역과정이 전개된다.

번역에 따른 문체는 출발언어와 목표언어의 차이, 또는 목표언어와 대조적인 출발언어의 제반 특징이 목표언어 텍스트에 반영되어 일반적인 목표언어의 문체와는 다른 문체를 형성할 수 있다(박갑수 1994: 315). 번역문이 일반적으로 지니는 보편적 특징도 존재한다. 번역텍스트의 두 가지 특징으로, 첫째, 어휘의 빈곤화가 발생하는데 이는 번역자가 보다 일반적인 표현을 사용함에 따라 원본에 비해서 특색이 없는 어휘가 사용되고 출발언어의 다양한 하위어를 몇 개의 목표언어의 상위어로 축약해서 번역하는 경향이 있다. 둘째 번역자들은 너무 이치적으로만 설명하려는 경향이 있는데, 출발언어의 텍스트에 비해 논리를 강화하고 함축적인 내용을 명시적으로 만들고 통사적 관계를 명료하게 정리하는 등의 방법을 사용한다는 것이다 (Levý 1969: 117, Fawcett(2003: 100)에서 재인용). 아울러 출발언어와 목표언어의 언어학적 특징으로 이루어지는 문체적인 특징이 번역문제가 될 수 있다. 이러한 특징을 실현하는 데 있어서도 첫째, 사람마다의 문체적인 특징을 지니고 있어 문체가 서로 다를 수 있고, 또한 동일한 사람이라 할지라도 쓰고자 하는 텍스트의 내용, 종류, 의도에 따라 문체를 달리함에 따라 번역에 있어서도 위에서 제시한 번역상의 언어 내적인 문제에 따라 문체를 달리하게 되는 것이다.

　번역의 관점에서 보면, 저자가 저자 자신의 문체를 숨길 수 없는 바와 같이, 번역자에 의한 출발언어에서 목표언어로의 번역과정에서 다양한 번역기법의 선택과 활용을 통하여 번역전이가 이루어지고 번역자의 문체가 형성된다. 이러한 번역전이에 대한 분석으로 Vinay & Darbelnet(1958)의 일곱 가지 번역기법, Malone(1988: 15-17)가 제시한 9개의 번역기법, van Leuven-Zwart(1989)의 비교모델에서 제시되는 37가지의 범주가 제시되는 것이다. 이들은 출발언어에서 목표언어에 이르는 번역문의 문체를 형성하는 번역전이에서 나타나는 기법임과 동시에, 이러한 번역전이를 응용의 관점에서 보면 번역문에 나타나는 번역문제의 분석을 위한 정성적 분석기제가 되는 것이다.

5.3. 번역전이에 따른 문체 비교방법론의 비교분석

5.3.1. Vinay & Darbelnet(1958)의 비교문체론적 방법론

번역의 관점에서 보면, 저자가 저자 자신의 문체를 숨길 수 없듯이, 출발언어에서 목표언어로의 번역과정에서 Vinay & Darbelnet (1958)의 비교문체론적 방법론에 의하면 차용(borrowing), 모사(calque), 직역(literal translation), 치환(transposition), 변조(modulation), 등가(equivalence), 번안(adaptation)에 이르는 일곱 가지 번역기법을 선택 및 활용하는 전이과정에서 번역자의 문체가 형성된다. 이는 출발언어에서 목표언어에 이르는 번역과정에서 나타나는 전이이면서 동시에, 이러한 번역전이는 번역문에 나타나는 번역문체의 분석을 위한 정성적 분석기제가 되는 것이다.

번역에 있어서 번역자는 출발언어와 목표언어 체계 사이에 관계를 설정하는데 출발언어적 요소는 표현되어 주어지는 것이고, 다른 하나는 아직 잠재적이어서 조정이 가능한 것이다. 출발언어를 읽어감에 따라 번역단위의 확인, 출발언어 텍스트의 검토, 텍스트가 비롯되는 상황의 재구성과 문체효과를 고려하면서 도착언어의 지점을 구성한다(Vinay & Darbelnet, 전성기 역 2003: 24). 이러한 출발언어에서 목표언어로의 전이과정에서 비교문체론의 방법론으로 위에서 언급한 일곱 가지 번역절차를 제시할 수 있으며, 직접번역(direct translation)과 간접번역(oblique translation)으로 구분된다.

직접번역의 종류로, 차용은 목표언어에서의 부재, 일반적으로 새로운 기술이나 미지의 개념과 같은 메타언어적 결함을 나타내며, 모든 방식 중에서 가장 간단한 방식이다. 번역자가 하나의 문체효과를 창출하기 위하여 의도적으로 사용할 수도 있다(Vinay & Darbelnet, 전성기 역 2003: 26). 즉 이국화를 표현하기 위하여 외국어를 그대로 사용하는 것이다. 다음과 같이 한국어의 예를 들 수 있다.

(5-1)

ST: whisky, hamburger, battery, Noblesse Oblige

TT: 위스키, 햄버거, 배터리, 노블리스 오블리주

'노블리스 오블리주'를 보면, 그대로 차용이 되어 목표언어 텍스트에 사용될 수 있으며, 번역상황에서 '노블리스 오블리주'와 '사회지도층의 도덕적 의무'가 전달하는 의미는 그 문체적인 효과가 동일할 수 없다. 이미 차용이 된 어휘에 대해서는 목표언어권에서의 언어경합에 따른 수용성에 따라 외국어 또는 외래어의 지위를 획득하게 된다. 직접번역의 두 번째 방법으로 모사는 특별한 종류의 차용으로 외국어에서 어구를 빌려 그 구성요소들을 문자적으로 번역하는 것이다. 따라서 그 결과는 새로운 표현 양식을 도입하면서 목표언어의 통사구조를 수용하는 표현의 모사가 되거나 목표언어에서 새로운 구문을 도입하는 구조의 모사가 되며, 그 취지로서 목표언어에서의 부재를 채우는데 차용은 하지 않으려는 의도로 볼 수 있다(Vinay & Darbelnet, 전성기 역 2003: 26).

(5-2)

ST: compliments of the seasons!

TT: compliments de la saison!

ST: Hot potato, TT: 뜨거운 감자

ST: Storm in a teacup, TT: 찻잔 속의 태풍

이러한 모사를 통해서도 차용에 못지 않는 문체적인 효과를 발휘할 수 있으며 목표언어의 어휘를 풍요롭게 하는 역할을 하기도 한

다. 직접번역의 세 번째로 직역을 들 수 있다. 직역이란 단어 대 단어의 번역으로 출발언어에서 문법적으로 그리고 관용어적으로 적당한 목표언어 텍스트로 직접적으로 전이되는 것을 가리킨다(Vinay & Darbelnet, 전성기 역 2003: 26). 원칙적으로 문자 그대로의 번역인 직역은 그 자체로 전환이 가능하고 완전한 해결책이 될 수 있다. 이러한 번역은 영어와 독일어 또는 한국어와 일본어와 같이 동일어족에 속하는 출발언어와 목표언어의 번역에 흔히 찾아볼 수 있다. 영어와 독일어의 예를 들면, 영어에서의 'if'라는 접속사로 시작하는 가정문, 'If I were a bird.'는 독일어로 'Wenn'으로 시작하는 가정문, 'Wenn ich ein Vogel wäre.'와 같이 직역이 된다.

(5-3)

ST: I paid fifty-three thousand dollars in taxes, and a nice chunk of it went for welfare, Medicaid, aid to dependent children, stuff like that." "And, you did this voluntarily, with a giving spirit?" "I don't complain," I said, lying like most of my countrymen(Grisham 2003: 16).

TT: 나는 세금으로 5만 3천 달러를 냈습니다. 그 가운데 많은 부분이 복지, 메디케이드, 의지할 곳 없는 아이들을 돕는 사업같은 데로 갔을 겁니다. 그럼 그 일을 자발적으로 한 건가? 남을 돕고자 하는 마음에서? 불평하지는 않았습니다. 나는 대부분의 내 동료와 마찬가지로 거짓말을 했다(정영목 역 2008: 24).

ST: He is frequently absent from home all night. His servants are no means numerous(Poe 1980: 10).

TT: 그는 종종 밤새도록 집을 비우고, 하인들의 숫자도 그다지 많지 않아요(김영선 역 2006: 196).

차용, 모사, 직역과 같은 직접번역에 의한 번역이 수용되지 않을 때에는 간접번역에 의존하게 된다. Vinay & Darbelnet(전성기 역 2003: 29)가 제시한 간접번역으로 의존하게 되는 사유로 첫째, 직역을 하였을 경우 다른 의미가 되거나, 둘째, 아무런 의미가 없게 되거나, 셋째, 구조적으로 불가능하거나, 넷째, 목표언어의 메타언어 내에 있어서 상응하는 표현이 없거나, 다섯째, 상응하는 표현은 있지만, 동일한 사용역에 있지 않을 경우이다. 간접번역에는 치환, 변조, 등가, 번안이 속한다. 먼저 치환에 대하여 살펴보면, 치환이란 출발언어에서 목표언어로 번역할 때에 출발언어의 품사를 원래 전언의 의미를 바꾸지 않고 목표언어에서 다른 품사로 대치하는 방식이다. 즉 출발언어에서 목표언어로 번역이 되면서 품사의 전환이 일어나는 것이다. 동일한 어족 간의 번역에 있어서도 치환이 일어나지만, 동일한 어족에 속할 경우보다 그 문법, 통사론적인 특성을 공유하는 부분이 적으므로 상대적으로 서로 다른 어족에 속하는 언어들에서 치환이 더 많이 일어난다. 한편, 영어의 한국어에 대한 일방적인 영향으로 인하여 무생물주어로 이루어진 구문이 일반화되는 경향을 보면, 치환으로 번역하여 사용하다 영어의 영향으로 치환하지 않고 그대로 직역으로 사용하더라도 일반적으로 수용되는 경향을 보일 수 있다. 가령 영어에서의 분사구문이 존재하지만 독일어에서는 분사구문이 존재하지 않으므로 치환이 일어나게 된다. 영어와 한국어의 예를 들면, 영어의 'promise'를 주절이 아닌 부사로 번역하는 경우를 들 수 있다.

(5-4)

ST: I promise (you) that it will not be easy.

TT: 단언컨대, 그것은 쉽지 않을 것이다(http://engdic.daum.net).

ST: We gave him a hearthy welcome(Poe 1980: 4).

TT: 우리는 G씨를 반갑게 맞이했다(김영선 역 2006: 188).

변조는 전언의 형태에 대한 전이로 관점에 있어서의 전환에 의해 이루어진다. 이러한 전환은 직역이나 치환에 의한 번역이 문법적으로 정확한 발화일지라도 목표언어에서 타당하지 않거나 관용적이지 않고 어색한 경우에 적용하는 전이이다(Vinay & Darbelnet, 전성기 역 2003: 30). 실제로 번역에 있어서 일반적으로 치환과 변조기법을 이용한 전이가 가장 빈번하게 일어난다. 변조의 예를 들면 다음과 같다.

(5-5)

ST: For three months a night has not passed, during the greater part of which I have not engaged, personally, in ransacking the D----- Hotel. ······ So I did not abandon the search until I had became fully satisfied that the thief is a more astute man than myself(Poe 1980: 10).

TT: 지난 석 달 동안 하룻밤도 빼놓지 않고 내가 직접 D장관의 숙소를 샅샅이 뒤졌어요. 결국 수색을 포기하고 말았어요. 도둑이 나보다 한 수 위라는 것을 인정할 수밖에 없었지요. 내 생각에는 집 안에 편지를 숨길만 한 곳은 어느 한구석도 빼먹지 않고 모조리 수색을 했는데 말이에요(김영선 역 2006: 196).

Vinay & Darbelnet(1958)의 범주에 있어서 등가란 동일한 하나의 상황이 출발언어에서 목표언어로 완전히 서로 다른 문체적인, 구조적인 방법을 사용하면서 번역이 되는 전이이다. 등가에는 감탄사나

의성어, 관용어법, 상투적인 표현, 속담, 명사, 형용사 숙어 등의 어휘목록이 등가에 속한다(Vinay & Darbelnet, 전성기 역 2003: 31). 예를 보면, 영어의 개 짖는 소리, 'bow wow'는 '멍멍'으로, 물 튀기는 소리인 'splash'는 '첨벙'으로, 'as poor as church mouse'는 '찢어지게 가난한'으로 번역할 수 있을 것이다. 속담을 예로 들면, 출발언어와 목표언어에서 그러한 기능을 가진 속담이 존재하여 등가를 이루는 것이다.

(5-6)
ST: Too much cook spoil the broth.
TT: 사공이 많으면 배가 산으로 간다.
ST: A rolling stone gathers no moss.
TT: 구르는 돌은 이끼가 끼지 않는다.

번역에 있어서의 극단적인 경계로 번안을 들 수 있다. 출발언어의 전언에 의하여 언급되는 상황의 유형이 목표언어의 문화에서는 알려지지 않은 경우에 사용되는 번역기법이다. 이때 번역자는 등가로 간주될 수 있는 새로운 상황을 창출하여야 한다. 따라서 번안은 특별한 종류의 등가로 상황적인 등가라고 할 수 있다. 극히 문화적인 예로, 날씨가 추운 극지방에 선교활동을 하는 선교사가 에스키모인들을 대상으로 선교활동을 할 때에 인용하게 되는 '뜨거운 불길의 지옥'이라는 표현이나 정서는 혹한의 기후에서 생활하는 에스키모인들에게는 너무나 만족스러운 장소가 될 수 있으므로 이들의 문화에 맞는 표현으로 전환하는 번안이 필요할 것이다.

(5-7)

ST: "Oh, good heavens! who ever heard of such an idea?"(Poe 1980: 5).

TT: "원 세상에, 그게 말이나 되는 소리요?"(김영선 역 2006: 189).

ST: and that I should most probably lose the position I now hold, were it known that I confided it to any one."(Poe 1980: 6).

TT: 만약 이걸 누군가에게 발설한 게 알려지면 십중팔구 내 목이 달아날거예요."(김영선 역 2006: 191).

ST: "Here, then," said Dupin to me, "You have precisely what you demand to make the ascendancy complete …"(Poe 1980: 8).

TT: 뒤팽이 나에게 말했다. "이보게, 자네가 말한 유리한 고지를 활용하기 위한 전제조건 … 충족되었군."(김영선 역 2006: 191).

비교문체론적 방법론에 따른 이러한 일곱 가지 번역기법은 어휘, 구조, 전언의 세부분에 모두 적용이 되며, 동일한 문장에도 이러한 방식들이 여러 개 적용될 수 있을 것이다. 어휘, 구조, 전언의 세 가지 부분에 대하여 일곱 가지 절차의 적용이 이러한 세 층위에 적용이 될 때에는 개별어휘의 층위, 어휘구성의 층위, 전언의 층위로 구분되어 있다 할지라도, 각 단계의 구성이 독립적이거나 단계적인 것이 아니라 최종적으로 전언의 층위에서 번역어의 선택이 결정된다(이승권 2004: 8). 이러한 과정을 통하여 번역이 이루어지며 문체적인 특징을 형성하게 된다.

5.3.2. Malone(1988)의 번역기법

Malone(1988: 15-17)은 일반적인 번역기법(trajection)으로 9개의 단

순번역기법을 제시하였다. 5개의 총칭적 개념에는 재배열(reordering)을 제외하고 하위요소를 두 개씩 가진다. 일치(matching)는 하위요소로 등식(equation)과 대체(substitution), 곡절(zigzaging)은[3] 분기(divergence)와 수렴(convergence), 재생(recrescence)은 확대(amplification)와 축소(reduction), 재구성(repackaging)은 확산(diffusion)과 응축(condensation), 하위요소가 없는 재배열(reordering)이 있다.

첫째, 일치로서 그 구성요소인 등식은 출발언어의 요소가 목표언어에서 가장 직접적인 대상으로 간주되는 요소로 번역되는 경우이다. 쉬운 예로, 가장 직접적인 '일 대 일'의 경우는 숫자 번역이 될 것이다. 대체는 출발언어의 요소가 목표언어에서 가장 직접적인 번역대상을 제외하고 번역이 가능한 경우이다. 예를 들면, 영어의 'mead'를 한국어에서 '막걸리'로, 이태리의 'spagetti'는 '국수'로, 'bread'는 '떡'으로 번역하는 경우가 될 것이다. 이 두 개를 포함하는 개념이 일치이다.

둘째, 곡절은 출발언어 텍스트의 요소가 목표언어 텍스트에서 둘 또는 그 이상의 대체적인 요소로 사상이 가능한 경우의 분기와, 분기의 반대개념인 수렴으로 출발언어의 둘 또는 그 이상의 요소가 목표언어에서 단 하나의 요소로 사상이 가능한 두 경우를 가리킨다. Malone(1988: 17)의 예에 의하면, 영어를 출발언어로 또는 목표언어로 하는 번역에 있어서, 영어에서는 2인칭 단수의 무차별한 대명사로 'you'와 같이 하나를 사용하는 반면에, 프랑스어에서 'tu/vous', 스페인어에서 'tú/Usted', 러시아어에서 'ty/vy', 독일어에서 'du/Sie'

---

3) 英漢字典(www.lexiconer.com)에 따라 'Zigzagging'을 곡절(曲折)로 번역한다.

를 사용하는데 이 경우에 있어서 영어를 출발언어로 하여, 제 유럽언어를 목표언어로 번역을 하는 경우 확산이 되고, 그 반대는 수렴이 된다. (8)은 영어의 'wear'에 대하여 한국어의 '입다', '끼다', '쓰다', '걸치다'와 같이 확산의 예를 보여준다(http://endic.naver.com).

(5-8)
ST: She <u>was wearing</u> a new coat.
TT: 그녀는 새 외투를 <u>입고 있었다</u>.
ST: She always <u>wears</u> a ring.
TT: 그녀는 늘 반지를 <u>끼고 있다</u>.
ST: He <u>was wearing</u> his cap backwards.
TT: 그는 모자를 거꾸로 <u>쓰고 있었다</u>.
ST: She <u>wears</u> expensive jewelry and accessories.
TT: 그녀는 값비싼 장신구들을 <u>걸치고 다닌다</u>.

셋째, 재생에는 확대와 축소가 있다. 재생은 번역자의 판단에 의하여 목표언어의 번역에서 언어적 요소를 추가하여 확대하는 기법과, 반대로 이를 줄이는 축소기법이 있다. 다시 말해서, 목표언어 독자에게 필요하다고 판단되는 설명을 번역자가 추가함으로써 목표언어 독자가 가진 지식의 빈틈을 채우려는 전략인 것이다(Fawcett 2003: 44). 확대는 목표언어 텍스트에 있는 출발언어의 대상에 다른 요소를 추가하여 번역하는 것을 말한다. 독자의 세상에 대한 지식을 고려한 언어외적인 부연설명을 추가한 확대를 보상적 확대라고 하고, 언어학적인 이유로 목표언어에서 출발언어에 일치하는 대상뿐만 아니라,

이에 적합한 어휘를 추가하는 확대를 분류적 확대라고 한다(Malone 1988: 41-45). 축소는 이와는 반대로 출발언어의 표현이 목표언어의 대상에 부분적으로 사상이 되는 경우로 출발언어에서 목표언어로 번역이 되는 가운데 부분적인 생략이 일어난다. (5-9)은 확대, (5-10)은 축소의 예이다.

(5-9)
ST: And Kelly watched him leave(Sheldon 2004: 105).
TT: 그리고 켈리는 그가 떠나는 뒷모습을 물끄러미 지켜보았다(최필원 역 2010: 114).
ST: "Tut! Tut!" cried Sherlock Holmes(Doyle 2007: 133).
TT: "쯧쯧!" 셜록홈즈는 혀를 찼다(백영미 역 2010: 172).
ST: A strong wind had come up, and within seconds, the Cessna was caught in a violent turbulence that began to toss the plane around(Sheldon 2004: 5).
TT: 강한 바람이 불어와 동체를 강타했고, 세스나는 격렬한 난기류에 말려들었다. 비행기는 심하게 요동쳤다(최필원 역 2010: 12).

(5-10)
ST: He saw Pike's peak looming up on the right side(Sheldon 2004: 5).
TT: 오른쪽으로 파이크 봉우리가 그의 눈에 들어왔다(최필원 역 2010: 11).

영한번역의 경우 한국어는 부사가, 영어는 상대적으로 동사가 정교하게 발달함에 따라 영어동사를 한국어로 번역할 때는 그 동사에 담겨있는 부사의 어감을 살리는 번역이 필요하다(이희재 2010: 120).

(5-11)

ST: The wind was howling around the house.

TT: 바람이 집을 휘감으며 울부짖었다.

ST: Music blared out from the open window.

TT: 열린 창문으로 음악이 꽝꽝 터져나왔다.

넷째, 재구성에는 확산과 응축이 있다. 확산이란 다양한 방식으로 한층 더 느슨하게 조직화된 대상으로 풀어지고 퍼져나가는 번역기법이다. 이와 반대되는 번역과정은 응축으로서 다양한 방식으로 출발언어의 연쇄가 목표언어에서 결속되는 방식이다(Malone 1988: 18). 재생에 속하는 확대와 축소가 정보를 추가하거나 제거하는 반면, 재구성에 속하는 확산과 응축은 동일한 정보를 더 길거나 짧은 형태로 표현한다. 재구성은 구조언어적 능력과 번역능력에 따라 확산과 응축이 일어난다(Fawcett 2003: 47). 구조언어적 능력이란 동일한 사상에 대하여 한 언어는 한 개의 단어로 표현할 수 있지만, 다른 언어에서는 두 개 이상의 단어가 필요한 경우와 같이 어휘적인 경우와 문법적인 경우가 있다. 번역능력과 관련된 경우로는 한 언어에서는 명시적으로 어휘가 존재하지만 다른 언어에서는 명시적인 어휘가 존재하지 않으므로, 그 유무에 따라 출발언어와 목표언어에서 정의적 확산과 응축이 발생한다. 정의적 확산이란 출발언어와 목표언어의 어휘쌍이 주위 텍스트로부터 맥락이 없는 상황에서 확산에 따른 정의인 번역과정이다.

(5-12)

ST: I can fix her eyes by applying the <u>blur filter</u>. I could try to thin her face by using the distort tool.

TT: 눈 가장자리는 <u>윤곽을 흐리게 하는</u> 필터를 써서 해결하면 되고, 얼굴은 왜곡기구를 사용해서 가냘프게 보이도록 할 수 있겠죠.

ST: Ashley <u>cringed</u> with embarrassment She had forgotten how savage her father's temper was. He had once <u>punched</u> an intern during an operation for making an error in judgment.

TT: 순간적으로 애슐리는 당황해서 <u>몸을 움츠렸다</u>. 아빠의 성미가 얼마나 사나운지 깜빡 잊고 있었던 것이다. 언젠가 아빠는 인턴이 판단착오를 일으킨 일로 수술 도중에 <u>주먹을 날린</u> 적도 있었다.

ST: He <u>frowned</u>. Shane? Your boss?

TT: 갑자기 패터슨 박사가 <u>미간을 찌푸렸다</u>.

다섯째, 재배열은 출발언어에서의 요소들을 목표언어로의 번역과정에서 그 언어적 요소들의 위치를 전환하는 번역기법이다. 재배열이 나타나는 상황으로는 첫째, 번역에 있어서 복잡한 문장구조를 분해하여 이해도를 높이려고 하는 경우와 둘째, 출발언어 텍스트와 목표언어 텍스트의 전개방식이 서로 다르거나, 문체가 서로 다른 경우이다(Fawcett 2003: 49). 영어와 한국어의 예를 들면, 한국어의 'S+O+V 방식'과 영어의 'S+V+O 방식'의 번역은 개별언어의 언어적 특성에 따른 문법요소들의 배열방식을 구분하게 되어 번역시에 재배열이 이루어진다. 또한 한국어와 영어 간의 어순과 그에 따른 정보배열의 차이는 머리어를 중심으로 절이나 구가 분지되는 방향의 차이에서 비롯된다. 기본적으로 영어는 머리어를 중심으로 오른쪽으로 분지되는 우분지 언어인 반면, 한국어는 왼쪽으로 뻗어나가는 좌분지언어이다. 이러한 분지의 방향의 차이로 인해서 정보의 수용자 입장에서 보면, 영어에서는 절이나 구의 머리어에 담긴 정보를 먼저 입수하게 되지만 한국어에서는 마지막에 접하게 된다(이창수 1997: 6). 한국어의 'S+O+V 방식'과 영어의 'S+V+O 방식'에 따른 번역에서의 재배열을 예를 들면 (5–13)과 같다.

(5–13)

ST: For one hour at least we had maintained a profound silence; while each, to any casual observer, might have seemed intently and exclusively occupied with the curling eddies of smoke that oppressed the atmosphere of the chamber(Edgar Allan poe 1980: 3).

TT: 적어도 한 시간 이상 우리는 깊은 침묵을 지키고 있었다. 얼핏 보면 우리가 방안의 공기를 짓누르며 소용돌이 치고 있는 담배연기에만 정신이 팔려 있는 것 같았으리라(김영선 2006: 187).

아울러, 영어가 소유 중심의 언어인 반면 한국어는 존재 중심의 언어, 영어가 제작 중심의 언어인 반면, 한국어는 행(行) 중심의 언어, 영어가 사람을 사물처럼 취급하는 반면, 한국어는 사람과 사물을 엄격히 구분, 한국어 동사의 부사형, 관형형을 영어는 전치사로 표현되는 바(강낙중 2002: 11–284), 이러한 언어적 특성에 따라 출발언어 텍스트와 목표언어 텍스트의 전개방식과 문체구조에 영향을 미치게 된다.

5.3.3. van Leuven-Zwart(1989)의 비교모델 방법론

van Leuven-Zwart(1989)의 방법론은 비교모델과 기술모델을 근간으로 한다(van Leuven-Zwart 1989: 151-181). 번역에 있어서 전이는 미시구조적 층위와 거시구조적 층위와 같이 두 가지 층위에서 나타나며 문장, 절, 구와 같은 미시구조적 층위에서는 의미, 문체, 화용론과 관련된 전이가 이루어지고, 문장, 절, 구를 초월하는 의미단위가 관련되는 거시구조 층위에서는 텍스트에 등장하는 사람의 속성과 특성, 행동의 성격과 순서, 사건의 시간과 장소 등과 관련하여 전이가 이루어진다(van Leuven-Zwart 1989: 154). van Leuven-Zwart(1989)의 비교모델은 본 장에서 제시된 다른 비교방법론과 비교가능성이라는 목적에서 문장, 절, 구와 같은 미시구조 층위에서 의미, 문체, 화용론과 관련된 전이를 다루는 비교모델만을 대상으로 한다.

van Leuven-Zwart(1989: 170)의 비교모델에 따르면 8개의 범주와 37개의 하위범주로 구분된다. 8개의 범주는 전이에 속하는 변조(modulation), 변경(modification), 변환(mutation)과 같이 3개의 대범주에서 비롯된다. 변조에는 의미적(semantic), 문체적(stylistic) 변조가 있고, 변경에는 의미적 변경, 문체적 변경, 통사-의미적(syntactic-semantic) 변경, 통사-문체적(syntactic-stylistic) 변경, 통사-화용적(syntactic-pragmatic) 변경을 포함한다. 37개의 범주로는 의미적 변조와 의미적 변경에는 각각 형태/유형/방식(form/class/mode), 양상적(aspectual), 주관적(subjective), 구체적(concrete), 집중적(intensive) 요소가 각각 5개로서 10개, 문체적 변조와 문체적 변경에는 사용역(register), 직업적(professional), 시간적(temporal), 텍스트-명시적(textspecific), 문화-구속적(culture-bound), 통합적(syntagmatic), 계열적 (paradigmatic) 요소가 각각 7개로서 14개, 통사-의미적 변경에는 시제(tense), 인칭(person), 수(number), 문법적 품사/기능(grammatical class/function), 기능어(function word) 요소가 5개, 통사-문체적 변경에는 명시화(explicitation)와 암시화(implicitation) 요소 2개, 통사-화용적 변경에는 언화행위(speech act), 지시소/대용어(deixis/anaphora), 주제적 의미(thematic meaning) 요소 3개, 변환에는 삭제(deletion), 추가(addition), 완전한 의미변화(radical change of meaning) 요소 3개로 전체 하위범주 37개를 구성하고 있다.

van Leuven-Zwart(1989)가 제시한 비교모델에 있어서 출발언어와 목표언어의 번역에 대한 비교를 위하여 설정한 기준은 비교 기준일 뿐만 아니라 번역이 이루어지는 전이에 대한 분석도구로도 사용할수 있다. 미시구조적 층위에서는 번역소(transeme)와 원번역소(ATR, architranseme) 간의 관계설정이 출발점이 되고, 이러한 번역소와 원번역소가 불일치할 때에 전이가 일어난다(Baker 1998: 230-231). 문장을 비교하기에는 길고 단어를 비교하기에는 짧아서 번역소라는 대상을 설정한 바, 이는 동사, 계사와 논항으로 이루어진 사상번역소(state of affairs transeme)와 부사적 명시화와 사상번역소를 상술하는 위성번역소(satellite transeme)로 구분된다(van Leuven-Zwart 1989: 156). van Leuven-Zwart(1989: 157)의 비교모델은 다음과 같이 3단계로 구성된다.[4]

---

4) Hermans(1999: 62)에 따르면 van Leuven-Zwart(1989)의 비교모델에 대하여 번역에 있어서 일반적인 인상이나 직관에 의한 분석이 아니라 대조점(tertium comparationis)

1단계: 공통분모에 따른 원번역소의 설정
2단계: 출발언어 및 목표언어 번역소와 원번역소의 비교
3단계: 원번역소를 통한 출발언어와 목표언어 번역소의 관계 설정

1단계는 유사성, 즉 공통분모의 설정으로 이러한 공통분모가 원번역소가 된다. 번역소가 기술적 차원에서 의미를 공유하면 원번역소는 의미적인 것으로 명명하며, 두 번역소의 어떤 측면이 단지 특별한 상황에 적용될 때에 화용적 또는 상황적이라고 명명한다. 이러한 의미적, 화용적 원번역소는 비교의 근거로 기능한다. 원번역소에서 공통적인 의미적 또는 화용적인 특징 또는 결합의 양상은 내용어(명사, 동사, 형용사, 부사)나 바꾸어 쓰기(paraphrase)에 의해 표현된다. 전치사, 접속사, 대명사와 같은 기능어는 원번역소에 나타나지 않는다(van Leuven-Zwart 1989: 157). 2단계는 각 번역소와 원번역소의 관계를 설정하기 위하여 각각의 번역소와 원번역소를 비교한다. 출발언어과 목표언어의 번역소가 원번역소와 아무런 의미상의 차이가 없다면, 이것은 무전이(no shift)이다.

(5-14)
ST: /she sat up quickly/

으로 원번역소를 설정함으로써 객관적인 분석을 시도하였다는데 그 의의가 있으나, 원번역소의 설정 자체가 객관적이지 못한 한계점을 지닌다고 하였다. 그러나 출발언어 텍스트와 목표언어 텍스트의 대조점에 대한 분석에서 주관성이 개입된다 할지라도 병렬텍스트에 대하여 동일한 분류기준의 설정에 따라 일관성이 유지되고 동일한 척도에 의한 비교가능성이 유지된다면, 주관성에 따른 객관성의 결여를 상쇄할 수 있을 것이다.

TT: /그녀는 앉았다/[5]

ATR(원번역소) : to sit up

(5-14)의 예를 보면 목표언어인 한국어 번역소와 원번역소 사이에는 아무런 차이가 없으며 동의어(synonymy)의 관계를 보여준다. 반면, 출발언어의 번역소와 원번역소를 비교하면, 'she sat up quickly'와 'to sit up'는 동일하지 않으므로 원번역소의 하위어관계(hyponymy)가 된다(van Leuven-Zwart 1989: 157).

3단계는 두 번역소간의 관계를 설정하는 것으로 여기에는 네 가지 가능성이 있다. 이러한 가능성이 제시하는 관계를 간략하게 도식으로 나타내면 [도식 6]과 같다.

[도식 6] 원번역소와 번역소와의 관계에 따른 번역전이

		SL transeme				TL transeme
no shift	→	synonymy	=		=	synonymy
modulation — specification	→	synonymy	=	ATR	<	hyponymy
modulation — generalization	→	hyponymy	>		=	synonymy
modification	→	hyponymy	>		<	hyponymy
mutation	→		≠		≠	

5) van Leuven-Zwart(1989)에서 목표언어인 스페인어로 된 예를 한국어로 번역, 수정하였다.

첫째, 각 번역소가 원번역소와 동의어관계를 보여 준다면, 두 번역소는 동의어가 되므로 위에서 설명한 무전이이다. 둘째, 한 번역소가 원번역소와 동의어관계이면서 다른 번역소가 하위어관계이면, 두 번역소 간에는 하위어관계가 형성된다. 이 경우에 번역에 있어 전이가 존재하며 이를 변조라고 한다. 셋째, 두 번역소가 모두 원번역소에 대하여 하의어관계가 있다면, 두 번역소 간의 관계는 대조로서 번역에 있어서 전이가 존재하며 변경이 된다. 넷째, 두 번역소 간에 아무런 관계가 설정되지 않는다면, 원번역소를 설정하는 것이 불가능하고 이 경우의 전이는 변환이다.

다음으로 변조, 변경, 변환에 대하여 차례로 살펴본다. 변조에 있어서 만일 원번역소와 목표언어 텍스트의 번역소가 불일치의 양상이면 변조/명시화가 되고, 원번역소와 출발언어 텍스트의 번역소가 불일치의 양상이면 이 전이는 변조/일반화이다. 이러한 불일치는 의미적인 경우와 문체적인 경우가 있으며, 의미적 변조/명확화, 의미적 변조/일반화, 문체적 변조/명확화, 문체적 변조/일반화와 같이 네 가지 변조의 범주로 구분할 수 있다. 의미적 변조/명확화에 있어서는 불일치하는 의미양상이 목표언어 텍스트 번역소에서 나타나고 출발언어 텍스트 번역소에서는 이러한 양상이 나타나지 않지만, 의미적 변조/일반화에 있어서는 불일치하는 의미양상이 출발언어 텍스트의 번역소에서 나타나고 목표언어 텍스트의 번역소에서는 이러한 양상이 나타나지 않는다.

문체적 변조에 있어서는 문체적 변조/명확화와 문체적 변조/일반화가 있다. 문체적 **변조/명확화**에서 문체적 불일치 양상은 목표언어 텍스트 번역소에 **나타나고** 출발언어 텍스트 번역소는 이러한 일치 양상을 보인다. 분체적 변조/일반화는 분체적 불일치 양상이 출발언어 텍스트 번역소에 나타나고, 목표언어 텍스트 번역소는 일치 양상을 보인다.

문체적 변조는 사회적 차원의 불일치 양상에 따른 문체적 변조와 표현적 차원의 불일치 양상에 따른 문체적 변조와 같이 두 가지 범주로 구분된다. 사회적 차원의 불일치 양상과 관련되는 문체적 변조는 사용역, 직업적, 시간적, 텍스트-명시적, 문화-구속적 요소로 이루어지고, 표현적 불일치 양상과 관련된 문체적 변조에는 통합적 요소와 결합적 요소로 구분된다.

문체적 불일치 양상은 지시적 의미를 바탕으로 하여 그 문체적 변이형에 따라 문체상의 의미를 제공한다. 문체적 변조 중 사용역의 요소를 예를 들면 다음과 같다(李德超 2004: 53).[6]

(5-15)
ST: /The chap was married too/
TT: /이 젊은이도 결혼하였다/
　　ATR: young man + to be married
　　ADstt: stylistic form/ variant of 'man'[7]
　　문체적 변조/일반화, 사용역 요소
　　ADttt: 0

----

6) (5-15)부터 (5-22)까지 제시된 예문에서 별도의 명시가 없는 한, 출발언어인 영어는 李德超(2004)에서 제시된 예문을 인용하였으며, 목표언어인 한국어는 중국어 예문을 한국어로 번역하였다.

7) 여기서 불일치 양상(Aspect of Disjunction, AD)의 의미는 전이와 유사하다.

(5-15)에서 출발언어 텍스트 번역소와 원번역소는 하위어관계를 가지는데, 그 이유로 'chap'는 'young man'의 지시적 의미뿐만 아니라 문체적인 의미도 지니지만 그러한 의미가 원번역소에서 표시되지 않았으며, 이것이 출발언어 텍스트 번역소의 불일치 양상으로 제시된다. 그리고 목표언어 텍스트 번역소와 원번역소는 동일한 의미관계이므로, 전이가 발생하지 않아서 목표언어 텍스트 번역소의 불일치 양상 값은 0이 된다. (5-15)에 있어서 출발언어 텍스트 번역소와 목표언어 텍스트 번역소 사이에 문체적 차원의 번역전이가 발생하였고, 구체적으로는 사용역 요소에 따른 문체적 변조/일반화가 되는 것이다.

두 번째 전이인 변경에 있어서 두 번역소는 대조적인 관계로서 각 번역소는 불일치의 양상을 보여주며, 공히 원번역소와는 하위어관계가 된다. 변경에 있어서 불일치의 양상은 의미적, 문체적, 통사적이며 변경에는 세 가지 범주가 있다. 첫 번째, 의미적 변경으로 두 번역소가 원번역소와 의미적으로 불일치하는 양상을 보여준다(van Leuven-Zwart 1989: 165).

(5-16)

ST: /this marvel1 happened (on the lane2)/

TT: /이 불가사의한 일이1 (작은 거리에서)2 발생했다/

　　ATR2: narrow road

　　ADstt2: f/c/m of narrow road : in the country, bordered by hedges

　　ADttt2: f/c/m of narrow road : in town; a narrow street

(5-16)의 출발언어 텍스트 번역소2 혹은 목표언어 텍스트 번역소2
는 모두 원번역소에 대하여 하위어관계로서 출발언어 텍스트의 'lane'
과 목표언어 텍스트의 '거리'는 모두 원번역소의 'narrow road'보다
범위가 작다. 따라서 이것은 의미적 변경이 된다(李德超 2004: 54).
　다음으로 문체적 변경은 불일치의 두 가지 양상이 동일한 하위범
주에 속한다. 출발언어 텍스트에 나타난 번역소의 불일치 양상이 직
업적인 요소와 관련되고 출발언어 텍스트 번역소의 불일치 양상이
시간적 요소라면 두 가지 전이가 발생하는 것이다. 직업적 요소의
문체적 변경/일반화와 시간적 요소의 문체적 변경/명확화가 일어나
는 것이다(van Leuven-Zwart 1989: 166).

　　(5-17)
　　ST: /Thus the bitterness of a parting was juggled away/
　　TT: /이렇게, 이별과 원망은 완전히 사라졌다/
　　　　ATR: harsh feeling + separating + disappear
　　　　ADstt: stylistic f/v of disappear : familiar
　　　　ADttt: stylistic f/v of disappear : formal
　　　　문체적 변경/사용역 요소

　(5-17)에 원번역소의 'disappear'와 비교해 출발언어 텍스트와 목
표언어 텍스트는 모두 문체상의 차이를 보인다. 출발언어에서의
'juggle away'는 구어적, 비공식적인 표현이다. 그러나 목표언어 텍
스트에 사용된 '완전히 사라졌다'는 공식적인 표현이다. 그래서 출발
언어 텍스트와 목표언어 텍스트 모두 사용역에 있어서 원번역소에

대하여 불일치 양상을 보여준다(李德超 2004: 54).

세 번째, 통사적 변경에는 원번역소와 출발언어 텍스트와 목표언어 텍스트의 두 번역소가 통사적 측면에서 불일치 양상을 보이며, 통사적 변경은 통사–의미적, 통사–문체적, 통사–화용적인 세 가지 형태가 있다. 통사–의미적 변경에 있어서 두 번역소에서의 통사적 차이는 문법적 특성, 문법적 품사, 문법적 기능과 관련이 있으며, 기능어의 추가, 삭제, 의미의 변경과 같은 전이는 통사–의미적 변경으로 범주화된다(van Leuven–Zwart 1989: 166–167).

(5-18)
ST: /My style of cookery caused Joseph's growing indigestion/
TT: /나의 이러한 요리방법은 조셉으로 하여금 더욱 화가 나도록 하였다/
ATR: way of cooking + result in + increasing + anger
ADstt: syntactic form of anger : noun
ADttt: syntactic form of anger : verb
통사–의미적 변경/문법적 품사

(5-18)에서 출발언어 텍스트의 번역소는 'indignation'와 같은 명사형식으로 원번역소의 'anger'의 뜻을 표현한다. 그러나 목표언어 텍스트 번역소에서는 이를 '더욱 화가 나도록 하였다.'라는 동사형식으로 번역되어 있다. 이것은 출발언어 텍스트 번역소와 목표언어 텍스트 번역소의 통사–의미적 변경이 된다. 또한 이런 유형의 번역전이에서 문법적 품사의 변경이 일어났으므로 통사–의미적 변경/문법

적 품사가 되는 것이다(李德超 2004: 54).

통사–문체적 변경에서 통사적 차이는 의미를 전달하는 요소의 양과 관련된다. 만일 목표언어 텍스트 번역소가 출발언어 텍스트 번역소보다 더 많은 요소를 포함한다면, 전이는 통사–문체적 변경/명시화가 되고, 그 반대의 경우는 통사–문체적 변경/암시화이다(van Leuven–Zwart 1989: 167).

    (5–19)

    ST: /Laura gave a loud childish sob/

    TT: /마치 아이와 같이 로라는 큰소리로 울었다/

        ATR: proper name + to sob + comparison

        ADstt: syntactic form comparison : argument

        ADttt: syntactic form comparison : satellite

        통사–문체적 변경/명시화

(5–19)에서 출발언어 텍스트의 번역소는 사상번역소이며 목표언어 텍스트의 번역소는 사상번역소와 위성번역소의 조합으로 이루어져 있다. 번역소의 수량 또는 텍스트의 구성요소의 수량에서 볼 때 목표언어 텍스트의 번역소가 출발언어 텍스트 번역소보다 많지만 원번역소의 의미에 있어서는 목표언어 텍스트 번역소보다 더 많은 텍스트의 구성요소에 영향을 받지 않는다. 이러한 종류의 번역전이는 통사–문체적 변경/명시화가 된다(李德超 2004: 54).

다음으로 통사–화용적 변경에 있어서 목표언어 텍스트 번역소의 구조는 출발언어 텍스트 번역소의 구조와 다른데, 주로 언화행위 또는 주제적 의미, 지시어/조응어와 같이 지시적 기능을 가진 요소가 사용되어 통사-화용적 변경의 전이가 이루어진다(van Leuven-Zwart 1989: 168).

(5-20)

ST: /Must they be hidden by a marquee?/

TT: /혹시 큰 텐트로 그들을 숨겨야 합니까?/

ATR: must + to hide + protective covering

ADstt: syntactic form of transeme : passive construction

ADttt: syntactic form of comparison : active construction

통사-화용적 변경/주제적 의미

(5-21)

ST: A: /Is it true1?/

ST: B: /When have I told2 a lie?/

TT: A: 정말입니까1?

TT: B: 저는 거짓말을 절대하지 않습니다.2

ATR2: lie

ADstt2: syntactic form of transeme : question

ADttt2: syntactic form of transeme : affirmation

통사-화용적 변경/언화행위

(5-20)에서 출발언어 텍스트 번역소의 수동태는 목표언어 텍스트 번역소에서 능동태로 전이되었고 통사-화용적 변경의 번역전이에 속하기 때문에, 주제적 의미로 분류된다. (5-21)에서 출발언어 텍스

트 번역소의 의문문형식은 목표언어 텍스트 번역소에서 긍정문의 형식으로 변경되었으며, 이는 통사–화용적 변경의 번역전이에 속하고 언화행위로 분류된다(李德超 2004: 54).

세 번째 변이로 변환에 대해서 살펴보면, 이러한 변이의 범주는 원번역소를 설정할 수 없는 경우로서, 이는 일치의 양상이 없기 때문이다. 이 범주에는 절이나 구의 추가, 절이나 구의 삭제, 그리고 완전한 의미의 변화와 같이 세 개의 하위 범주를 들 수 있다(van Leuven-Zwart 1989: 168-169).

(5-22)
ST: /How beautiful the vase was1,// she thought2//
TT: /이 꽃병은 얼마나 이쁩니까1/
ATR2: 0
st: she thought
tt: 0
변환/삭제

변환이라는 번역전이에서는 출발언어 텍스트 번역소와 목표언어 텍스트 번역소의 차이가 너무 커서 원번역소를 만들 수 없는 경우이다. (5-22)에서 출발언어 텍스트 중의 'she thought'는 목표언어 텍스트에서 삭제가 됨에 따라 출발언어 텍스트와 목표언어 텍스트의 번역소를 분석할 수 없으므로 원번역소를 설정할 수가 없다. 목표언어 텍스트로 번역이 되면서 출발언어 텍스트의 일부가 삭제되었기 때문이다. 따라서 변환/삭제라는 번역전이로 분류한다(李德超 2004: 56).

[도식 7]은 van Leuven-Zwart(1989)의 비교모델에 따른 번역전이

에 있어서 3개의 대범주, 8개의 중범주, 그리고 37개의 하위범주를
보여준다.

[도식 7] van Leuven-Zwart의 비교모델에 따른 번역전이

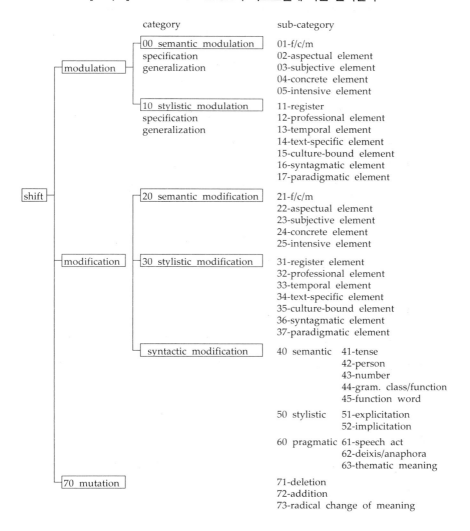

5.3.4. 비교방법론의 사상(Mapping)과 비교분석

번역자에 의한 출발언어에서 목표언어로의 번역전이에서 Vinay & Darbelnet(1958)의 비교문체론적 방법론에 따른 차용, 모사, 직역, 치환, 변조, 등가, 번안에 이르는 일곱 가지 번역절차와 Malone(1988)의 5개 총칭적 개념과 하위요소로서 일치에는 등식과 대체, 곡절에는 분기와 수렴, 재생에는 확대와 축소, 재구성에는 확산과 응축, 끝으로 재배열이라는 번역기법의 선택과 활용, 그리고 van Leuven-Zwart(1989)가 제시한 원번역소의 설정, 출발언어와 목표언어 번역소와 원번역소의 비교, 원번역소를 통한 출발언어 텍스트와 목표언어 텍스트 번역소의 관계 설정과 같이 3단계로 이루어지는 비교모델은 번역전이에 따른 번역텍스트에서의 번역자의 문체적 특성을 분석할 수 있는 비교방법론이 된다.

기술방법론에 있어서는 과정지향적, 결과지향적, 기능지향적인 세 가지 접근방법이 있으며, 결과지향적인 연구방법론에 따르면 출발언어와 목표언어의 비교의 출발점이 된다. 출발언어와 목표언어의 차이점이 바로 전이이며, 이러한 전이가 번역과정에 대한 통찰과 번역이 목표언어에서 달성하고자 하는 기능에 대한 통찰을 제공할 수 있다(van Leuven-Zwart 1989: 154). 따라서 Vinay & Darbelnet(1958)의 비교문체론적 방법론, Malone(1988)의 5개의 번역기법, van Leuven-Zwart(1989)의 비교모델은 공통적으로 하향식이 아닌 상향식의 기술 접근법에 따른 것이며, 이러한 전이가 번역과정에 개입되는 문체에 대한 통찰을 제공함으로써 번역전이에 따른 문체에 대한 비교를 가능하게 한다. 이러한 각 비교방법론은 공통적으로 이는 출발언어에서 목표언어에 이르는 번역과정에서 나타나는 전이임과 동시에, 이러한 번역전이를 응용의 관점에서 보면 번역텍스트에 나타나는 번역문체의 분석을 위한, 따라서 문체의 형성과정을 추적하는 정성적 분석기제가 된다.

Vinay & Darbelnet(1958)의 비교문체론적 방법론과 Malone(1988)가 제시한 5개의 총칭적 개념과 그 하위요소로 구성되는 번역기법, van Leuven-Zwart(1989)가 제시한 비교모델을 중심으로 사상하면 [도식 8]과 같다.

[도식 8] 제 번역전략의 사상(Mapping)

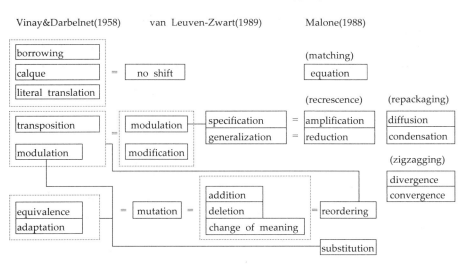

Vinay & Darbelnet(1958)에서의 차용, 모사, 직역은 van Leuven-Zwart(1989)에서 무전이에 해당한다. 전이가 아닌 무전이라 할지라도 하나의 번역기법으로서 번역텍스트의 문체에 영향을 미친다. 이는 또한 Malone(1988)의 일치개념에 사상될 수 있다. Malone(1988)의 등식개념도 Vinay & Darbelnet(1958)의 직역과 van Leuven-Zwart (1989)에서 무전이와 동일한 개념이다. 등식이 적용되지 않는 경우에는 대체라는 전이가 적용되며, 이 경우에는 Vinay & Darbelnet(1958)의 치환, 등가, 번안의 개념과 일치하게 된다. 일치에 있어서 문체상의 이유로 인하여 등식이나 대체라는 번역기법을 교체하여 사용할 수 있다(Fawcett 1997: 41).

협의에 있어서의 문체개념을 다양하게 수용하고 있는 van Leuven-Zwart(1989)의 비교모델에 있어서 Vinay & Darbelnet(1958)의 차용과 모사기법도 수용을 하여야 한다. 목표언어에서의 번안을 선택하지 않고 차용과 모사를 선택하는 기법도 번역자의 의식적인 또는 무의식적인 문체상의 특징을 반영하기 때문이다. 번역이 가능한 상황에서 차용을 하는 것은 의도적인 것으로 이국적인 대상이나 제도에 대한 용어를 사용함으로써 이국화를 추구하기 위한 것으로 볼 수 있으며, Vinay & Darbelnet(1958)도 차용을 문체상의 효과를 위한 것이라고 밝히고 있다(Fawcett 2003: 34).

Vinay & Darbelnet(1958)의 치환과 변조는 van Leuven-Zwart(1989)에서 변조, 변경과 같이 그리고 특히 van Leuven-Zwart(1989)의 변조는 Malone(1988)의 확대와 축소로 구성된 재생, 확산과 응축으로 구성된 재구성과 유사한 개념이다. Vinay & Darbelnet(1958)의 치환과 변조는 또한 목표언어로 번역이 될 때에 문법적인 품사의 전환뿐만 아니라, 목표언어에서 타당하고 관용적인 표현을 위하여 문장변환이 이루어지므로 Malone(1988)의 재배열과 유사한 개념이라고 할 수 있다. van Leuven-Zwart(1989)의 변환은 출발언어 텍스트를 추가, 삭제하거나 완전한 의미의 변화, 즉 출발언어 텍스트를 전체적으로 제거하고 다른 의미를 부여하는 전이로서 Vinay & Darbelnet (1958)에서의 등가와 번안과 유사한 전이이다. 또한 van Leuven-Zwart(1989)의 비교모델에 있어서 문체적 변조와 문체적 변경, 통사-문체적 변경의 하위범주에 속하는 문체적 요소들은 협의의 문체 개념에서의 대조점일 뿐만 아니라, 광의의 문체 개념에서 van Leuven-Zwart(1989)의 37가지 모든 요소를 문체비교를 위한 대조점으로 설정하여 활용하여야 한다. 이들이 모두 번역과정에 관여하는 번역전이로서 출발언어에서 목표언어로 번역과정에 있어서 문체에 영향을 미칠 수 있는 요소들이기 때문이다.

번역자가 선택하는 번역전이가 번역자의 번역텍스트에서의 문체를 결정하게 됨에 따라 번역전이는 번역자의 문체적 기법으로 수용된다. 아울러 방언, 고유어, 한자어, 외래어, 특수영역의 용어와 같은 언어학적 관점에서 비롯되는 문체, 그리고 어휘, 문법, 텍스트 유형도 문체에 영향을 미치는 요소가 된다. 이러한 요인뿐만 아니라 번역텍스트에 있어서 어떠한 종류의 번역이 이루어졌는지를 언어학적 지식에 근거하여 설명할 수는 있으나, 번역 상황에서 어떠한 해결책을 선택해야 하는지를 반드시 제시주지는 않는다. 왜냐하면 번역의 선택에 대한 기준이 세상에 대한 지식, 독자의 기대, 정보부하량, 텍스트 유형, 기대치, 심지어 번역을 둘러싼 정치역학과 같이 다양한 요인들에 의존하기 때문이다(Fawcett 2003: 29). 이러한 요인에 대한 반응이나 수용 정도도 역시 문체에 영향을 끼치게 된다. Vinay & Darbelnet(1958)의 번역전이를 수용한 확대된 van Leuven-Zwart (1989)의 비교방법론은 출발언어 텍스트와 목표언어 텍스트로 이루어진 병렬코퍼스를 분석하거나, 동일한 출발언어 텍스트를 대상으로 여러 번역자들이 번역한 목표언어 텍스트를 대상으로 비교코퍼스를 분석하여 번역텍스트에 나타난 문체를 비교분석할 수 있는 분석도구로서의 역할을 수행할 수 있는 것이다.

Munday(2008: 66)에서 제시된 van Leuven-Zwart(1989, 1991)의 모델이 가진 단점으로 첫째, 8개의 범주와 37개의 하위범주로 구성되어 지나치게 복잡하고, 둘째, 긴 텍스트를 대상으로 모든 전이를 파악하는 것이 어렵고, 셋째, 원번역소 설정에 있어서 주관성의 개입을 문제시하고 있다. 그러나 언어유형론적인 관점에서 출발언어와 목표언어의 문체적 특성에 따른 비교를 위한 기준과 대조점을 설정하고, 이에 따라 기계적, 반복적으로 대용량코퍼스를 처리할 수 있는 소프트웨어를 통하여 출발언어와 목표언어로 구성된 병렬코퍼스를 용이하게 분석할 수 있다. 아울러 전산화된 코퍼스를 통하여 문체분석에 있어서 주관성이 개입됨에 따라 편향되기 쉬운 정성적 분석에 대하여 연어, 빈도, 용례와 같은 정량적 자료를 바탕으로 하여 객관성을 보완할 수 있을 것이다.

5.4. 끝맺는 말

문체의 비교방법론으로서 Vinay & Darbelnet(1958)의 비교문체론적 방법론, Malone(1988)의 번역기법, van Leuven-Zwart(1989)의 비교모델을 비교하여, van Leuven-Zwart(1989)의 비교모델을 중심으로 Vinay & Darbelnet(1958)의 비교문체론적 방법론, Malone(1988)

의 번역기법을 고려한 효과적인 분석방법뿐만 아니라 각 비교방법론이 적용된 사례를 통하여 그 이론과 실제를 살펴보았다.

이러한 비교방법론에 기초해서 출발언어와 목표언어로 이루어진 병렬코퍼스를 대상으로 어떠한 번역전이를 사용하여 어떠한 종류의 번역이 이루어졌는지를 파악할 수 있고, 따라서 그 번역자의 문체에 대한 정보를 제공해 준다.

번역전이에 따른 문체의 비교와 관련하여 37개의 모든 하위범주 요소가 문체비교를 위한 대조점으로 설정되고, Vinay & Darbelnet (1958)의 차용과 모사를 반영하고 무전이도 하나의 문체적 선택의 대상이라는 점을 반영하여 문체비교의 관점에서 van Leuven-Zwart (1989)의 비교모델을 확대할 수 있다. 원래 van Leuven-Zwart(1989) 가 제시한 모델은 비교모델과 기술모델로 구성된다. 비교가능성을 위해 각 방법론의 대조점을 고려함에 따라 본 장에서는 van Leuven-Zwart(1989)의 비교모델만을 대상으로 하였다. van Leuven-Zwart (1989)의 비교모델은 문장, 절, 구와 같은 미시구조 층위에서 전이의 종류를 식별, 분류하기 위한 모델이며, 기술모델은 문장, 절, 구를 초월하는 의미단위를 대상으로 하는 거시구조 층위에서 전이를 다루는데 필연적으로 미시구조를 기초로 하게 된다. 이에 따라 차후 과제로서는 기술모델도 포함하는, 따라서 비교모델과 기술모델로 이루어진 통합모델을 설정하여야 한다.

이러한 통합모델은 첫째, 출발언어에서 목표언어로의 번역과정에서 어떠한 번역전이를 사용하는가에 따른 문체를 비교하고, 둘째, 동일한 출발언어 텍스트를 대상으로 여러 번역자들이 번역한 목표언어 텍스트를 대상으로 비교코퍼스를 분석하여 번역텍스트에 나타난 문체를 비교분석할 수 있는 정성적 분석도구로서의 역할을 수행하는 것이다. 아울러 문체의 비교방법론에 있어서 계량문체론적 방법론을 분석도구로 하는 방법론도 수용하여 정성적 차원과 정량적 차원에서 공히 분석되어야 할 것으로 본다.

제6장

포랜식문체론에 따른
번역자판별

6.1. 시작하는 말

본 장은 문체에 따른 저자판별이라는 개념을 번역학 연구에 적용하여 포랜식문체론적인 코퍼스의 분석 방법론에 따라 번역텍스트도 개인적인 문체적 특징을 중심으로 번역자식별이 가능할 것이라는 전제에서 출발한다. 하나의 출발언어텍스트는 여러 번역자들에 의해 번역될 수 있으며 출발언어텍스트가 동일하다 할지라도 번역과정에서 다양한 목표언어텍스트가 생산이 되고 목표언어텍스트가 동일하지 않은 것은 개인적 특성과 언어적 기호가 영향을 미치기 때문이다. 번역에 있어서 개인적 기호에 따른 특정어휘의 선호와 번역기법의 선택에 따른 전이에 의하여 번역과정에서 번역자의 문체가 형성되며, 이러한 문체는 번역자의 개인적 특성을 부여한다. 포랜식문체론에 기반한 '번역자판별(translatorship)'은 번역자의 진위여부를 규명하는 작업뿐만 아니라 번역텍스트에 대한 번역과정과 번역결과의 분석을 위한 기제로 이용될 수 있다. 번역자판별에 있어서는 계량문체론적 방법론에 따라 정량적 분석을 적용하고 정량적 분석을 토대로 하여 정성적 분석을 통한 번역자판별을 시도하여야 하며, 본 장에서는 실제 영어와 한국어로 된 병렬코퍼스를 대상으로 이러한 번역자판별의 가능성에 대해서 살펴보고자 한다.

6.2. 포랜식문체론과 번역자판별

6.2.1. 포랜식문체론의 개념과 정의

포랜식(forensic)은 '토론회의 앞'이라는 라틴어 'forensis'에서 비롯되었으며 토론장에서 원고와 피고의 시시비비를 가리기 위한 변론이 이루어진 데에서 그 어원을 찾을 수 있다. 오늘날 포랜식의 의미는 '법정의', '변론의', '토론의'이라는 의미를 지닌다. 포랜식의 의미를 언어학적 관점에서 살펴보면, 음성·음운론적 지식과 문체론적인 지식을 활용하는 포랜식언어학(forensic linguistics)을 들 수 있다. 아울러 문자에 대한 필적감정뿐만 아니라, 연어, 빈도, 용례와 같은 언어사용에 있어서의 개인적인 특성을 파악하는 것도 포랜식언어학의 영역이 된다. 이러한 분야는 개인의 언어사용에 있어서의 문체를 중심으로 원저자를 판별할 수 있게 됨으로 포랜식문체론(forensic stylistics)이라고 한다. 국내에 'forensic'이라는 용어는 언어학분야보다 IT분야에서 이미 디지털포랜식, 사이버포랜식과 같이 음역되어 사용되고 있으므로 언어학, 문체론분야에 있어서 법정문체론 또는 법문체론과 같은 용어사용이 다소 어색하고 혼동의 여지가 있으므로 포랜식이라는 용어를 사용한다.

저자판별에 있어서 언어학적 문체론은 정성적인 방법과 정량적인 두 가지 접근방법이 있다. MacMenamim(2002: 76)에 따르면, "정량적인, 정성적인 분석 방법이란 문체표지의 유무를 확인, 기술, 측정하는 데 상호보완적으로 사용되고, 언어학적 방법론에 근거한 문체론에 있어서도 작품의 특징이 확인되고 어떤 방식으로든 평가가 된다면 이것은 정성적인 평가가 된다. 반면에 특정지표, 가령 작품이 주어진 환경에 있어서 상대적인 발생빈도가 확인되고 계량적인 측정이 될 수 있다면, 이는 정량적인 분석이 된다."는 것이다. 통계적인 분석에 의존하는 정량적 분석과 언어직관이나 주관적인 판단에 따른 정량적 분석은 상호배타적이 아니며 두 가지 분석방법이 상호 의존적일 때에 가장 효율적이라고 할 수 있다.

저자판별은 첫째, 실제상황에서 저자의 진위가 논란이 되는 텍스트에 대해 저자판별이 요구되는 경우 연구의 대상으로서 그리고 과학적 정밀성이 요구되는 실제작업으로서 비중을 가진다. 둘째, 저자를 분명히 알 수 있는 텍스트들에 대하여 여러 기술과 방법론을 적용하여 저자판별을 시험하여 이들 기법들의 성능을 평가하고 개선하려는 연구에 기여한다 할 것이다(한나래 2009: 226).

이러한 저자판별의 개념을 번역자판별에도 적용하여 보면, 번역텍스트에 대하여 원래의 번역자에 대한 진위여부의 판단에 번역자판별이 요구될 수도 있고, 또한 출발언어에서 목표언어로의 번역과정에 적용된 번역기법과 번역방법론에 대한 연구와 번역결과에 대한 평가와 개선에도 번역자판별이 기여할 것이다.

6.2.2. 번역에 있어서의 문체와 번역자판별

목표언어로 된 번역텍스트의 문체를 분석하여 개인적 특성과 언어적 기호를 반영하는 것이 문체이며 출발언어에서 목표언어로의 번역과정에 번역자가 적용하는 번역기법은 문체적 특성을 부여하는데 이것은 번역자의 문체라고 할 수 있다(서정목 2011). 번역의 관점에서 문체의 개념은 번역자의 번역대상에 대한 선택과 구체적인 번역전략의 지속적인 사용을 가리키며, 개인적이고 일시적이 아니라 번역자가 선호하거나 반복적으로 사용하는 특징적인 언어행동이라고 할 수 있다(Baker 2000). 번역기법의 선택과 활용에 의한 전이에 따라 번역과정에서 번역자의 문체가 형성되므로, 이러한 문체는 번역자의 개인적 특성을 부여한다 할 것이다.

번역자판별의 관점에 있어서 "문학텍스트의 저자확인을 위한 접근방법으로서의 문체분석은 세심한 언어적인 관찰과 특징적인 언어적 선택의 분석에 의한 개인적인 문체와 개인어(idiolect)를 식별, 기술, 측정하는 것이 가능하다는 전제에 기초한다(Guillén-Nieto, Vargas-Sierra, Pardino-Juan, Martinez-Barco & Suarez-Cueto, 2008: 4)."는 것은 번역과정에서 사용되는 개인어와 번역기법을 식별, 기술, 측정함으로써 번역자의 문체를 파악하는 과정으로도 이해할 수 있다. 번역자판별의 토대가 되는 "번역자의 문체판별 요건으로 첫째, 동일한 번역자가 번역한 다수의 번역물에 걸쳐 공통적으로 인식되고, 둘째, 해당 번역자의 번역물을 다른 번역자들의 번역물과 구분할 수 있으며, 셋째, 일관성이 있는 선택양상을 구성하며, 넷째, 번역자가 의도한 대별되는 기능이 있다는 점, 다섯째, 순전히 출발언어의 저자나 출발언어의 문체와 관련하여, 또는 언어적인 제약으로 설명될 수 없는 개인적인 특성"을 들 수 있다(Saldanha 2011: 31). 따라서 번역자가 아무리 출발언어텍스트를 쓴 원저자의 문체를 재생산하려 할지라도 불가피하게 번역과정에서 자신의 문체를 남기게 된다. 완전히 개성을 드러내지 않고 언어적 요소를 생산하는 것이 불가능함으로 문체란 언어적인 또는 비언어적인 특징들로 표현되는 일종의 '지문' (thumb-print)으로 간주될 수 있다(Baker 2000). 번역자의 개인적인 문체에는 일관성이 있는데 이는 번역시에 개인의 문체적 특성이 전이됨에 따라 일관성이 있는 선택을 하게 된다. 이것은 언어적인 제약이 아닌 개인적인 문체에 따른 것이므로 다른 번역자와 대별되는 번역자판별을 가능하게 한다. 원저자의 텍스트에 언어적, 문체적 특성으로 표현되는 '저자판별(authorship)'이 존재하며 이에 따라 저자판별이 이루어지듯이, 번역텍스트에 있어서 번역자의 언어적, 문체적 특성인 '번역자판별'이 존재하며(서정목 2010), 이와 같이 번역자의 판별이 수행되는 것이다.

6.3. 계량문체론적 방법론에 따른 번역자판별

6.3.1. 병렬코퍼스의 구축과 분석 프로그램

본 절에서는 포랜식문체론에 따른 번역자판별을 위한 분석대상이 되는 병렬코퍼스로서 Edgar Allan Poe의 세 작품, 'The black cat',

'The fall of the house of Usher', 'The purloined letter'를 출발언어 코퍼스인 영어텍스트로 영어텍스트는 'www.gutenberg.org'에서 제공하는 UTF-8형식의 텍스트를 활용하였다. 김영선(2006), 김지영(2011), 전대호(2009)는 위의 원작품들을 각자 한국어로 번역하였으며 검은 고양이, 도둑맞은 편지, 어셔가의 몰락(붕괴)으로 번역되는 이들의 번역작품을 목표언어 코퍼스인 한국어텍스트로 설정하였다. 포랜식문체론의 초점은 문제가 되는 텍스트의 저자를 확인하는 것이다. 저자판별에는 세 가지 유형이 있다. 첫째, 한 명의 저자가 문제가 되는 작품 모두를 저술하였는지를 결정하여야 하는 경우, 다시 말해서 저자의 알려진 작품 중의 일부로 수용되든 아니든 특정 작품이 알려진 작품과 일관성이 있는지의 여부, 둘째, 문제시되는 작품에 대한 작가가 분명하지 않을 경우 저자가 될 소지가 있는 작가의 작품과 비교하는 경우, 셋째, 가장 흔한 포랜식의 유형으로 저자로 판명될 가능성이 높은 작가가 외적인 비언어적인 수단에 의해 확인될 수 있다면 문제가 되는 작품을 다른 후보작가의 작품과의 유사성을 평가하는 경우이다(MacMenamim 2002: 76). 본 장에서의 유형은 첫째의 저자판별유형을 번역자판별로 적용한 경우로 동일한 번역자로 알려진 번역작품들에서의 문체상의 특징을 파악하여 번역자판별을 부여하는 경우이다. [도식 9]는 이러한 출발언어텍스트와 목표언어텍스트의 설정과 범위를 보여준다.

[도식 9] 출발언어텍스트와 목표언어텍스트의 범위

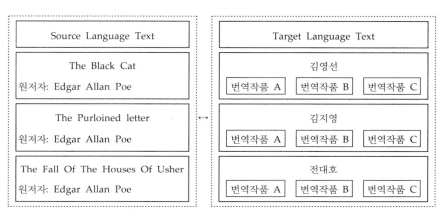

이러한 출발언어코퍼스와 목표언어코퍼스로 구성된 병렬코퍼스에 대한 정량적, 정성적 분석을 통하여 출발언어에서 목표언어로 번역된 각 코퍼스에 나타난 문체상의 특징과 여러 번역기법상의 특성을 찾아 번역자판별을 시도한다. 병렬코퍼스의 분석에는 Wordsmith 6.0과 안트콩크(Antconc) 3.4.3.w를 사용하고 병렬코퍼스의 정성적인 분석에는 파라콩크(Paraconc) 1.0을 사용한다. 계량적인 분석방법에 주로 의존하는 정량적인 분석과 언어직관이나 주관적인 판단이나 분석에 의존하는 정성적인 분석은 상호보완적이므로 두 가지 분석이 모두 필요함에 따라 본 연구에는 두 분석방법을 공히 적용한다.

6.3.2. 번역자판별 요인

Wordsmith 6.0을 비롯한 각종 코퍼스분석 프로그램은 "원래 포랜식언어학적인 문제해결을 위해서 의도된 것은 아니지만 텍스트분석,

저자판별, 표절검색을 위한 결과를 제공하는 특징과 기능을 지닌다 (Guillén-Nieto et al. 2008: 19)"고 할 수 있다. 그러한 프로그램들이 제공하는 단어의 빈도수, 타입/토큰 비율, 어휘밀도, 키워드, 콘코던 스, 어휘의 난이도, 문장의 이독성과 같은 정보들은 저자판별의 관 점에서 개인적인 문체의 특성을 판별하게 해준다. 이러한 판별능력 을 번역작품에 적용하게 되면, 이는 역시 번역작품에 대한 번역자판 별을 가능하게 하는 것이다.

저자판별과는 달리 번역자판별은 동일한 출발언어텍스트에서 출 발한 다수의 번역자들이 번역한 목표언어텍스트에 대한 판별이므로 근본적으로 분석이 제한되어 있으며, 적용될 수 있는 변수적 요인도 다양하지 않다. 적어도 계량문체론적 방법에 따라 위에서 언급한 요 인들을 개인적인 문체의 특성을 판별할 수 있는 번역자판별 요인으 로 적용하여 번역자판별을 하고자 한다.

(1) 단어의 빈도수

코퍼스의 구축과 분석기능을 적용할 때에 필요한 요인으로 단어의 빈도수(frequency)를 들 수 있다. 하나의 출발언어텍스트를 대상으로 번역된 여러 개의 번역텍스트에 사용된 단어들의 빈도수를 비교하면 일반적으로 유사한 빈도를 보여주지만, 특별히 개인적으로 선호되 는 어휘가 있다면 이것은 번역자의 특징을 보여주는 번역자판별의 근거가 될 수 있다는 전제하에 다음과 같이 분석을 시도하였다.

[도식 10]에 따르면, 출발언어텍스트대비 목표언어텍스트에 있어서 각 단어들이 빈도수에 따라 열거되었다. 이러한 단어들은 크게 내용어와 기능어로 구분할 수 있다. 출발언어텍스트인 영어에는 고빈출의 단어들이 기능어이며, 이에 대한 대응으로서 목표언어텍스트인 한국어에는 조사가 고빈출로 등장한다. 다양한 단일코퍼스를 대상으로 하는 저자판별에 있어서는 단어의 빈도수라는 요인은 저자의 선호도에 따라 사용하는 단어의 양상이 달라서 저자판별에 기여하는 바가 크지만, 기본적으로 동일한 출발언어코퍼스를 대상으로

하여 번역된 여러 목표언어코퍼스에 있어서 단어 빈도수는 번역자판별에 기여하는 바가 미약하다고 할 수 있다.

(2) 타입/토큰 비율(TTR)

Wordsmith 6.0, Antconc 3.4.3.w와 같은 코퍼스분석 프로그램이 제공하는 통계정보는 텍스트의 크기, 텍스트에 사용된 모든 단어의 개별적인 출현인 토큰(token), 이들의 종류로 1회의 출현만을 계산한 타입(type), 그리고 이들의 비율인 타입/토큰 비율(TTR), 표준 타입/토큰 비율(STTR)이 있다. 이러한 정보는 바로 저자의 개별적인 문체적인 특성과 다양한 텍스트집합을 정량적으로 분석할 수 있게 해 준다(Guillén-Nieto et al. 2008: 16). 아울러 저자판별과 관련하여 타입/토큰 비율(TTR, type/token ratio)이 의미하는 바는 어휘의 다양성의 관점에서 다양한 어휘의 사용여부에 대한 단서를 제공하며, 이는 개인의 문체에 관련된 정보와 관련된다(Guillén-Nieto et al. 2008). 특히 타입/토큰 비율은 어휘적 다양성을 파악하는데 유용한 정보를 제공한다.

동일한 크기의 두 텍스트를 비교시에 타입/토큰 비율이 더 낮다면 반복이 더 많고 사용된 어휘의 다양성이 떨어지는 것을 의미하며, 타입/토큰 비율이 더 높다면 반복이 적고 사용된 어휘의 다양성이 높은 것을 의미한다. 당연히 텍스트의 크기가 크면 동일한 어휘가 반복될 확률이 더 크게 되므로 크기가 다른 텍스트들 간의 비교가능성을 제고한 상대적 수치정보가 표준 타입/토큰 비율이다.

[도식 11] Standardized TTR

N	text file	file size	tokens (running words) in	tokens used for word list	types (distinct words)	type/toke ratio	standard TTR
1	Overall	103,032	12,889	12,869	6,540	50.82	75.41
2	어셔가의 붕괴_김영선역.txt	40,070	5,078	5,073	3,055	60.22	76.66
3	도둑맞은편지_김영선역.txt	40,364	4,920	4,905	2,882	58.76	74.45
4	검은고양이_김영선역.txt	22,598	2,891	2,891	1,856	64.20	74.20

N	text file	file size	tokens (running words) in	tokens used for word list	sum of entries	types (distinct words)	type/toke ratio	standard TTR
1	Overall	108,555	11,221	11,204		5,795	51.72	74.93
2	검은고양이-김지영.txt	26,965	2,782	2,782		1,858	66.79	76.50
3	도둑맞은 편지-김지영.txt	34,421	3,579	3,569		2,045	57.30	70.07
4	어셔가의 몰락-김지영.txt	47,169	4,860	4,853		2,957	60.93	77.80

N	text file	file size	tokens (running words) in	tokens used for word list	sum of entries	types (distinct words)	type/toke ratio	standard TTR
1	Overall	101,446	12,231	12,131		6,387	52.65	74.27
2	검은 고양이_전대호역.txt	21,136	2,586	2,569		1,735	67.54	73.60
3	도둑맞은 편지_전대호역.txt	40,858	4,874	4,825		2,843	58.92	72.13
4	어셔 가의 몰락_전대호역.txt	39,452	4,771	4,737		2,916	61.56	76.75

　　[도식 11]은 김영선, 김지영, 전대호의 번역작품으로 구성된 목표언어코퍼스에 등장하는 각 어절에 대하여 Wordsmith 6.0을 사용하여 분석한 타입/토큰 비율을 보여준다. 하나의 출발언어텍스트에서 비롯된 번역텍스트에 있어서 동일한 출발언어를 대상으로 이루어진 목표언어텍스트에 나타난 출발언어대비 어절의 수는 중요하다. 이 자료에 따르면 각 번역자의 전체코퍼스에 있어서 김영선은 12,869 개, 김지영은 11,204개, 전대호는 12,131개의 어절수를 보임으로, 김영선〉전대호〉김지영의 순으로 어절수를 많이 사용하였음을 알 수 있다. 문장 수에 있어서는 전대호(1227개)〉김영선(1122개)〉김지영 (961개)의 순서를 보여준다. 타입/토큰 비율에 있어서 전대호(52,65%) 〉김지영(51.72%)〉김영선(50.82%)의 순서를 보여주는데 어절수의 관

점에서 김영선은 최대 어절수를 사용하였으나 비교적 어휘가 다양하지 않으며, 김지영의 경우에는 번역과정에서 비교적 어절을 많이 사용하지 않았지만 타입/토큰 비율에는 비교적 다양한 어휘가 사용되었다는 것을 보여준다. 특히 '해파스 레고메나(hapax legomena)'의 경우 이는 전체적으로 단 한번만 등장하는 어형을 말하는데, 저자판별의 경우 특정 저자에게서 단 한번만 등장한다면 저자판별을 위한 탁월한 판별기준이 되겠지만 번역자판별이라면 동일한 출발언어에서 비롯된 번역텍스트이므로 변별력은 없다 할 것이다. 이는 번역문체에 있어서 전대호는 다양한 어휘를 사용하고 김영선은 비교적 어휘를 많이 사용하는 반면, 동일어를 많이 반복하는 경향이 있고, 김지영은 비교적 많은 어휘를 사용하지 않지만 번역과정에서 다양한 어휘를 사용하는 문체적 경향을 보여준다.

영어로 된 출발언어텍스트와 비교 시 공통적으로 한국어로 번역된 목표언어텍스트에서는 단어수가 감소한다. [도식 12]에서 보여주는 토큰, 즉 영어로 된 출발언어텍스트에 등장하는 어휘의 총수는 'The black cat', 'The purloined letter', 'The fall of the house of Usher'에서 각각 3,930개, 7,056개, 7,159개로 전체 18,145개의 타입을, 다시 말해 이러한 양상의 단어사용을 보여준다.

[도식 12] 영어의 타입, 토큰 및 표준 TTR

번역텍스트에 등장하는 어휘의 총수는 김영선의 예를 들면, 검은 고양이, 도둑맞은 편지, 어셔가의 붕괴의 경우 각각 2891개, 4920개, 5078개의 어절을 보여준다. 어절이란 한국어에 있어 문장성분 단위로서 띄어쓰기의 단위가 되는데 단어보다는 큰 단위이므로 영어에서의 단어보다는 문법적으로 보다 큰 단위이다. 출발언어인 영어텍스트와 비교 시 공통적으로 목표언어인 한국어로 번역된 텍스트에서 단어수의 감소가 나타나는데 이러한 원인으로 형태통사구조적인 원인으로 한국어와 영어의 형태 및 통사구조적 특성을 들 수 있다. 한국어는 첨가어인데 반해 영어는 굴절어이기 때문에 번역시 단어수의 차이가 생기게 된다. 이는 영어의 문법범주인 전치사, 정관사, 접속사, 인칭대명사, 부정관사, 관계사와 같은 기능어에서 대부분 발생하며, 한국어에는 이러한 범주가 존재하지 않으므로 특히 텍스트에 사용된 빈도수만큼 한국어 문장의 단어 수에서 차이가 나게 된다(최정아 2003).

영어와 한국어의 주된 언어계통적인 차이로 영어는 굴절어, 한국어는 교착어라는 점을 들 수 있다. 따라서 한국어에는 별도의 단어가 아니라 접속사, 조사, 어미의 활용이 특징적이며, 이들은 기능어와 연관성이 크다. 영어에서의 기능어에 비견되는 한국어에서의 비주제 특정형태소는 번역자의 개별 문체의 특성을 잘 반영하고 텍스트의 내용과 주제에서 비롯되는 내용어의 특성에 따른 출현빈도를 최소화하고 번역자의 개인문체에서 비롯되는 상대적 특성을 강조할 수 있다. 비주제적형태소는 영어권의 계량적 문체분석에서 자주 사용하는 기능어와 같은 구실을 한다고 볼 수 있다(Mosteller & Wallace 1984, 강남준 외(2010)에서 재인용). 번역자가 번역과정에서 기능어라 할 수 있는 비주제 특정형태소의 선호에 따라 번역자판별이 가능하게 된다. 따라서 영한번역의 특징인 기능어로서 전치사에 대한 조사의 번역처리와 그 빈도수를 통하여 번역자판별에 기여한다 할 것이다.

(3) 어휘밀도

다음으로 타입/토큰 비율과 관련된 또 다른 코퍼스분석 요인으로 어휘밀도(lexical density)를 들 수 있다. 어휘밀도는 텍스트의 이해가능성과 관련된다. 일반적으로 타입/토큰 비율이 낮다면 동일한 어휘가 반복되어 사용되었음을 의미하는데, 여기에는 기능어와 내용어의 구분이 주어지지 않았다. 단순한 타입/토큰 비율이 아니라 텍스트 내의 전체 어휘 중에서 기능어를 제외한 내용어를 전체 출현단어의 수로 나눈 값이 바로 어휘밀도이다. 어휘밀도를 구하는데 다양한 출발언어텍스트와 목표언어텍스트의 비교가능성을 용이하도록 하기 위해서 공식의 입력에 적용되는 변수가 단순한 Stubbs(1996)의 공식을 적용한다. 어휘밀도는 하나의 텍스트에 사용된 전체 내용어를 그 텍스트에 사용된 전체단어로 나누어 도출되는 결과를 백분율로 계산한 값이다. 이 값의 의미는 한 텍스트에 사용된 전체어휘 중에 문법적인 기능이 아닌 구체적인 의미를 지닌 내용어의 비중을 측정함으로써 텍스트에 대한 이해가능성의 준거로 활용하는 것이다. 수치가 높으면 어휘밀도가 높은데 이것은 저자의 어휘선택이 다양하다는 것을 의미한다. 영어에 있어서 내용어와 기능어의 개념으로 내용어에 속하는 동사, 형용사, 부사 등은 의미전달요소이며, 기능어에 속하는 대명사, 관사 조동사, 전치사, 접속사 등은 의미전달보다는 문장 내에서 문법적인 기능을 수행함에 따라 기능어라고 불린다. 한국어에 있어서 내용어는 체언, 용언, 수식언, 독립언과 같이 사물이나 개념을 나타내는 단어이며, 기능어란 조사, 어미, 접속어와 같이 내용어 요소들을 결속하는 기능을 수행하는 단어를 말한다. 따라서 어휘밀도를 비교하기 위해서 각각의 목표언어텍스트에 지시어, 접속사, 조사, 어미를 제거하고 레마처리한 어휘목록을 재구성하여 비교하면 [도식 13]과 같다.

[도식 13] 어휘밀도 비교

번역작품명	김영선(%)		김지영(%)		전대호(%)	
검은고양이	1378/2896	47.58	1318/2782	47.38	1331/2588	51.43
도둑맞은편지	1928/4922	39.17	1321/3580	36.90	1972/4880	40.41
어셔가의 몰락	2121/5088	41.69	2088/4878	42.80	2108/4800	43.92
전체	4180/12906	32.39	3667/11240	32.62	4128/12268	33.65

[도식 13]의 어휘밀도지수를 구하기 위해서 Antconc 3.4.3.w의 단어목록기능을 사용하였다. 각 번역자들의 번역텍스트를 분류하여 단어목록을 작성하기 전에 한국어의 특성상 체언, 용언, 수식언, 독립언과 같은 내용어에 있어서 접속사, 조사, 어간, 어미 등을 하나의 단어로 간주하는 레마처리를 통하여 이를 Antconc 3.4.3.w의 단어목록 기능에 적용하여 내용어의 수를 파악함으로써 어휘밀도지수를 도출하였다. 각각의 어휘밀도 중 전대호의 경우 가장 높은 어휘밀도지수를 보여주며, 김영선과 김지영의 경우 근소한 차이를 보인다. 따라서 전대호의 경우 동일한 출발언어텍스트를 번역하면서 내용어를 비교적 많이 사용하였다는 것을 알 수 있다. 특히 이러한 어휘밀도 분석

을 하는 데에는 목표언어텍스트인 한국어의 경우 전체 어휘 중 내용어가 차지하는 비율을 구해야 하는데, 물론 전체 어휘는 목표언어 전체를 대상으로 하여 프로그램상으로 구해지지만, 내용어의 숫자를 파악하기 위해서는 한국에서의 내용어 중 어미변화를 하는 동사, 형용사, 그리고 각 조사가 결합된 명사를 하나의 경우로 줄이는 레마처리를 하여야 하는 것이 방대한 작업이 된다. 또한 이에 대하여 필요시 별도의 '적용금지어'로 프로그램에 등록하여야 하므로 이 역시 별도의 업로드용 파일을 필요로 한다. 이것은 계량문체적인 비교를 통하여 파악한 전대호의 번역텍스트에 있어서 공통된 문체적 특징이 된다. 아래의 [도식 14]는 레마처리된 목록의 일부를 보여준다.

[도식 14] 목표언어텍스트의 레마처리 목록의 예

(4) 키워드

키워드(keyword)란 "일반적인 경우와 비교할 때 그 쓰인 빈도가 단지 우연에 의한 것으로 여길 수 없을 만큼 현저하게 높아서 그 사용 비중의 차이가 통계학적으로 유의미하다고 평가되는 단어"를 가리킨다(고광윤(2009: 17), 신창원(2012: 194)에서 재인용). 키워드는 두 개 이상의 단어목록을 비교하는 것이다. 이 목록들 중 하나는 참조코퍼스(reference corpus)로 이것은 비교의 기본적인 토대가 되고 다른 목록은 조사하고자 하는 텍스트로 만들어지는데 이것을 연구코퍼스(study corpus)라고 한다. 두 단어목록의 비교는 새로운 키워드를 만들어 내는데, 이것은 참조코퍼스와 비교 시 연구코퍼스에 있어서 그 빈도가 상이한 양상의 단어목록을 보여준다. 특정 저자에 의해서 어떤 어휘들이 반복적으로 사용되고 그 반복에 있어서 어떠한 양상을 보이는가를 추적하기 위한 기능이 바로 키워드 기능이다. 코퍼스분석 프로그램을 이용할 경우 참조코퍼스를 활용하여 구축된 코퍼스로부터 키워드를 추출할 수 있으며, 본 장에서는 번역자판별의 가능성 여부를 목적으로 함에 따라 세 개의 번역텍스트를 연구코퍼스로 설정하고 세종코퍼스를 참조코퍼스로 설정하여 이에 따른 키워드를 분석한다. 키워드의 비교를 통하여 각 번역자들의 어휘선택에 있어서의 선호도를 파악할 수 있고 동일한 출발언어 텍스트의 번역텍스트로 이루어진 세 개의 목표언어텍스트로 구성된 또 다른 연구코퍼스와 참조코퍼스와의 대조는 번역자의 선호도에서 비롯된 번역자판별을 가능하게 하는 요인이 될 수 있다.

[도식 15]는 Wordsmith 6.0의 키워드 기능을 사용하여 김영선, 김지영, 전대호의 번역텍스트와 국립국어원에서 제공하는 21세기 세종계획 코퍼스의 현대문어 말뭉치목록 중 원시말뭉치로서 일반소설로 분류된 55개의 텍스트를 참조코퍼스로 설정하여 상대적 중요도를

비교한 것이다. 상대적 중요도란 참조코퍼스의 빈도 값과 비교했을 때 얼마나 다른가, 얼마나 더 많이 출현했는가를 보여주는 값이다. 특정단어들이 어느 정도의 빈도로 출현하는지, 일반적으로 많이 쓰이는 단어는 아닌데 참조코퍼스와 비교 시 상대적 중요도가 크다는 것은 비교적 많이 사용된다는 것을 의미한다. 공통된 출발언어 텍스트의 주제적인 특성으로 인하여 자주 등장하는 소재로서 고양이, 경찰국장 또는 총감, 뒤팽, 편지, 장관, 어셔, 파리, 저택, 상금, 시체, 추론 등은 대체로 상대적 중요도의 순위에서 있어 일관성을 보인다.

[도식 15] 각 번역텍스트의 상대적 중요도 비교

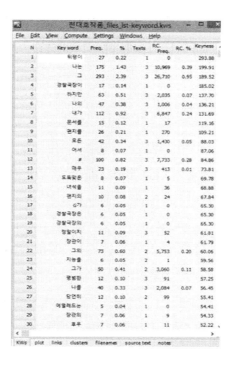

이것은 동일한 출발언어에서 비롯된 번역텍스트를 비교할 때 나타나는 전형적인 현상이라고 할 수 있다.

이와 같은 어휘에 추가하여 김영선의 경우 나(내), 어떤, 수, 그, 바로, 잇는, 지능, 조사, 수색, 무시무시한, 기이한, 대해, 형태와, 모든, 특정한, 다음과, 문제의, 지하실에, 끔찍한, 추론, 볼수, 문서가, 정도로, 억누르고, 놋쇠, 벽은, 말한, 물건을, 사실, 그리고, 곧바로, 등의 순위를 보여준다. 김지영의 경우 나(내), 말일세, 이러한, 이, 아주, 있다네, 공포감을, 어떤, 배열, 볼수, 궁전, 지하, 상대방의, 창백한, 누이가, 견딜 수, 궁중의, 없애, 그, 전율이, 책은, 기이한, 있는, 사건이란, 마음속에, 녀석을, 만약, 공포에, 다음과, 말이야, 등의 순위를 보여준다. 그리고 전대호는 나(내), 하지만, 문서를, 모든, 매우, 그, 평범한, 당연히, 녀석, 확실히, 말일세, 불분명한, 자네, 공포, 조사했네, 묘사한, 특이한, 거의, 다음에, 범위, 우리는, 가문의, 보상이, 지닌, 수색, 공포에, 말했다. 단순한, 상세히, 들어 있는, 수표, 정도로, 가장, 것을, 야성적인, 않은가, 매달았다. 관련해서, 영향이라고 등의 순위를 보여준다. 이와 같이 출발언어텍스트의 특성에 따라 사용빈도가 높은 어휘가 아닌 일반적인 어휘도 약간의 순위를 달리할 뿐 그 출현빈도는 유사함을 보여준다.

따라서 55개의 일반소설 텍스트로 구성된 참조코퍼스와 비교 시 동일한 출발언어에서 출발하였다 할지라도 번역된 목표언어텍스트에 있어서는 그 상대적 활용빈도인 상대적 중요도에 있어서는 차이를 보이지 못한다. 이는 저자판별에서는 유용한 판별요인이 될 수 있지만 번역자판별에서는 동일한 출발언어에서 비롯된 목표언어텍스트임에 따라 유용한 판별기능을 발휘하지 못한다고 할 수 있다.

(5) 콘코던스

콘코던스(concordance), 즉 용례란 컴퓨터를 이용하여 특정단어나 문법구조 및 연어 등을 코퍼스 내에서 검색하는 기능이다(Keeffe & Farr 2003). 이 기능은 코퍼스분석 프로그램에서 제공하는 기능 중의 하나로 검색대상인 단어나 어휘를 중심어로 하여 주어진 맥락에서 사용된 각각의 경우를 분석하는 것으로 'KWIC', 즉 'Key Word In Context'라고 할 수 있다. 콘코던스를 관찰함으로써 단어, 단어의 부분, 단어군, 구, 표현 등을 언어적인 맥락에서 분석할 수 있으며 반복되는 어휘패턴, 단어, 표현, 그리고 단어의 의미에 있어서 개인적인 특징을 발견할 수 있다(Guillén-Nieto et al. 2008: 17). 저자판별에 있어서 콘코던스 기능은 각 텍스트에서 어구의 선택과 사용유형의 용례를 보여줌에 따라 저자의 선호어휘나 문체를 판단하는 근거가 될 수 있다. 따라서 콘코던스는 저자판별에 있어서 유용한 기능이 된다.

콘코던스 분석은 앞에서 제시된 계량적인 분석과는 달리 각각의 전체텍스트 중 특정부위에 대한 정성적인 분석방법이 적용되어야 한다. 출발언어텍스트의 단어목록을 단서로 해서 가령 30개의 고빈도 어휘를 선정하여 Paraconc 1.0, 정렬기능이 있는 번역용 소프트웨어 또는 일반 워드프로세스를 사용하여 출발언어텍스트와 목표언어텍스트를 정렬한 후 콘코던스를 분석해서 번역에 있어서의 번역기법과 양상을 파악할 수 있다. 본 장에서는 콘코던스의 분석대상어휘로는 3개의 소설로 구성된 출발언어텍스트를 대상으로 기능어를 제외한 내용어 중에서 [도식 16]에서 열거된 'know', 'say', 'make', 'give', 'see', 'take' 동사를 중심으로 번역과정에서의 용례를 살펴보았으나 단어의 빈도수에서와 마찬가지로 기본적으로 동일한 출발언어텍스트를 대상으로 번역된 여러 목표언어코퍼스에 있어서의 용례는 번역자판별에 기여하지 못하였다. 병렬코퍼스가 아닌 단일언어코퍼스에 있어서의 저자판별의 경우 콘코던스가 제공하는 특정어휘들의 용례 정보는 저자별로 개인적인 용례를 구성하는 어휘의 선택이 저자판별에 기여하지만 병렬코퍼스의 경우 출발언어와는 달리 목표언어로 번역된 번역텍스트에 있어서는 일관된 번역자판별의 정보를 제공하지 못한다고 할 수 있다.

[도식 16] 출발언어텍스트에 있어서 고빈도 단어목록

(6) 어휘난이도

하나의 텍스트에서 사용된 어휘의 수준은 그 텍스트의 문체를 구성하는 한 가지 요인이 된다. 이러한 요인도 번역자들이 번역과정에서 선택해야 하는 문체상의 특징이 될 수 있으며 번역자판별의 요인이 될 수 있다. 어휘난이도를 구하기 위해서 목표언어텍스트 별로 어휘의 수준에 따른 등급을 구분하여야 하는데, 이 작업에는 안트워드프로파일러(Antwordprofiler) 1.4.0w 프로그램이 사용된다.

Antwordprofiler 1.4.0w는 어휘분석 프로그램으로 텍스트에 사용된 어휘의 등급을 분류하는 기능을 제공한다. 번역자판별을 위하여 각각의 텍스트에 사용된 어휘의 등급을 분석하여 번역텍스트에 있어서 번역자판별을 위한 변수요인으로 활용할 수 있다. 어휘등급을 분석하기 위해서 국립국어원의 한국어학습용 어휘목록을 Antword-profiler 1.4.0w에 적용하여 등급을 구분하였으며, 초급은 레벨1, 중급은 레벨 2, 고급은 레벨 3으로 분류된다. 이 어휘목록에 없는 단어는 레벨 0으로 분류되며 이는 어려운 단어임과 동시에 난이도와는 무관하게 일반적으로 잘 사용되지 않는 단어로 구성된다. 세 개의 번역작품에 대하여 Antwordprofiler 1.4.0w를 구현한 결과는 각각 [도식 17], [도식 18], [도식 19]와 같다.

[도식 17] 어휘의 수준에 따른 등급구분 - 검은 고양이

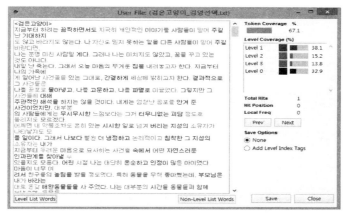

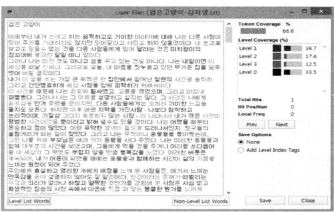

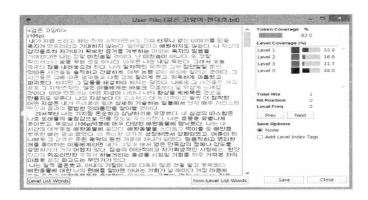

[도식 18] 어휘의 수준에 따른 등급구분 - 도둑맞은 편지

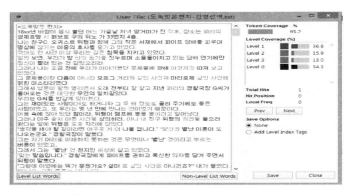

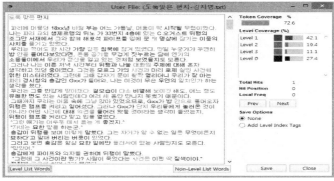

[도식 19] 어휘의 수준에 따른 등급구분 - 어셔가의 몰락(붕괴)

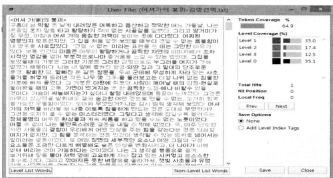

　'검은 고양이'의 경우 김영선에 의해 번역된 텍스트에 있어서 토큰
범위(token coverage)는 67.1%, 그리고 100%에서 토큰범위의 수치를
뺀 차이로서 고차원의 어휘이거나 원작의 특성에 따라 특수하게 사
용된 어휘의 분류범주인 레벨 0은 32.9%이다. 김지영의 경우 토큰
범위는 66.5%, 그리고 레벨 0은 33.5%, 전대호의 경우 토큰범위는
62%, 그리고 레벨 0은 38%를 보여준다.

　둘째, '도둑맞은 편지'에 있어서 김영선의 토큰범위는 65.7%, 레벨
0은 34.3%, 김지영에서는 토큰범위가 72.6%, 레벨 0은 27.4%를 차지
하고, 전대호는 토큰범위가 62.6%, 레벨 0은 37.4%이다. 셋째, '어
셔가의 몰락(붕괴)'에 있어서 김영선은 토큰범위 64.9%, 레벨 0은
35.1%, 김지영은 토큰범위 62.6%, 레벨 0은 37.4%, 전대호는 토큰범
위 60.7%, 레벨 0은 39.3%의 비율을 보임으로써 전반적으로 김영선
〉김지영〉전대호의 순으로 국립국어원의 한국어학습용 어휘목록
에 기재된 같은 단어를 많이 사용하였다는 것을 알 수 있다. 이러한
현상은 번역과정에서 김영선과 김지영은 초급과 중급수준의 어휘를

많이 사용하고, 전대호는 비교적 높은 수준의 어휘와 한국어학습용 어휘목록에 기재되지 않은 단어를 많이 사용함에 따라 사용어휘의 유형, 즉 토큰이 비교적 많지는 않지만 사용된 어휘의 수준은 비교적 높다는 점을 보여주는데 이러한 분석결과는 번역자판별의 특성을 보여준다고 할 수 있다.

(7) 문장의 이독성

다음으로 번역자판별과 이독성을 관련지워서 살펴본다. 일반적으로 가장 많이 사용되는 이독성공식으로 플래쉬(Flesch) 공식과 데일-샬(Dale-Chall) 공식을 들 수 있다. Flesch 공식과 Flesch-Kincaid 공식은 주로 접속어, 인칭대명사, 문장길이를 측정하고 Dale-Chall 공식은 단어의 난이도, 문장길이의 측정을 주로 한다(이미경 2012).

문장의 복잡도에 따른 문장의 이독성은 단어 수와 문장 수, 음절 수와 단어 수를 이용한 공식에 따라 그 정도를 표현할 수 있으며, 이러한 관계를 보여주는 공식이 바로 Flesch 이독성 테스트 공식이다.

[도식 20] Flesch의 이독성테스트 공식

$$206.835 - 1.015 \left(\frac{\text{total words}}{\text{total sentences}} \right) - 84.6 \left(\frac{\text{total syllables}}{\text{total words}} \right)$$

다음으로 Dale-Chall의 이독성 공식을 사용하여 번역텍스트를 대상으로 번역자판별을 위한 공식으로 가능한지의 여부를 살펴본다. Dale-Chall(1948)의 이독성 공식에 있어서 이독성의 점수를 결정하는 요인은 Dale-Chall이 지정한 어휘목록에 기재되지 않은 단어들의 수를 나타내는 U, 목표언어에 출현하는 단어의 수를 나타내는 W, 그리고 문장길이를 나타내는 SL로 구성된다.

[도식 21] Dale-Chall의 이독성 공식

Reading Grade Score = $0.1579 \times (U/W \times 100) + 0.0496 \times SL + 3.6365$
U= Number of unfamiliar words not on the Dale-Chall List
W= Number of words in the sample(the target text)
SL= Sentence Length

본 장에서는 등급별 어휘난이도가 반영된 Dale-Chall의 방식을 적용하여 한국어에 있어서 지정어휘 목록에 기재되지 않은 단어들을 고난이도의 어휘로 간주해서 번역텍스트에 있어서의 이독성을 판단 하고자 한다. 번역자판별과 관련된 문장의 이독성의 요인으로 "단어 난이도, 인칭대명사, 다른 단어 비율, 접속어, 함축어, 지시어, 한자 어, 단어사용빈도 등의 어휘 요인이 있고 단문, 문장길이, 문장의 잉 여성, 문장구조, 대화문장, 문장형태 등의 문장요인"을 들 수 있다 (이미경 2012: 145). 이들 중에서 한국어 이독성공식에 있어서 가장 중 요한 요인들로는 이미경(2012)에서와 같이 단어의 난이도와 문장길 이를 들 수 있으며, 번역자판별에 있어서 이독성의 변수요인으로 이 용할 수 있다. 번역자판별과 관련하여 이독성이 제공하는 정보가 유 용한 것은 동일한 출발언어텍스트에서 목표언어텍스트로 번역되는 과정에서 번역자의 문체에 따라 사용되는 어휘의 수준과 문장의 난 이도가 달라지기 때문이다.

번역자판별을 위한 어휘요인을 분석하기 위해 국립국어원의 한국어학습용 어휘목록을 적용하였으며 초급은 A등급, 중급은 B등급, 고급은 C등급으로 목록화되어 있다. 목록에 없는 단어는 D등급 이상으로 난이도가 높은 단어로 간주된다. 이러한 정보는 Antword-profiler1.4.0w를 구현하여 구한 어휘난이도 자료를 그대로 이용할 수 있다. D등급 이상의 어휘수를 텍스트에서 사용된 동사, 형용사, 명사의 총수로 나누어 어휘난이도 지수를 구한다. 그리고 문장지수는 텍스트의 총 어절수를 텍스트의 총 문장수로 나누어서 하나의 문장이 평균적으로 몇 개의 어절로 구성되는지를 분석하여 어휘의 난이도를 측정한다. 이미경(2012146)에서 제시된 텍스트 난이도 측정을 위한 이독성공식을 번역자판별을 위한 한국어 이독성공식으로 적용하면, [도식 22]와 같으며 두 지수 공히 값이 클수록 이독성에 있어서의 난이도는 더욱 커진다.

[도식 22] 번역자판별을 위한 한국어 이독성 공식

$$어휘지수 = 어휘난이도 = \frac{D\ 등급\ 어휘수}{내용어(동사,\ 형용사,\ 명사,\ 부사)의\ 총\ 수}$$

$$문장지수 = 평균문장길이 = \frac{텍스트의\ 총\ 어절수}{텍스트의\ 총\ 문장수}$$

주어진 텍스트에 있어서의 문장의 길이는 코퍼스분석 프로그램을 이용하거나, 간단하게 주어진 텍스트 전체에 나타나는 "., /, !, ?, ;"과 같은 문장구분 구두점을 문장의 숫자를 구해서 전체 바이트 숫자에서 이 숫자로 나누어 평균문장 길이를 구할 수 있다. 또한 Wordsmith 6.0을 이용하여 이러한 정보를 쉽게 구할 수 있을 것이다.

[도식 23] 문장의 평균길이

Wordsmith 6.0을 통하여 추출된 위의 [도식 23]을 이용하여 한국
어에 맞게 수정한 Dale-Chall의 이독성 공식에 적용하여 어휘난이
도와 평균문장길이를 각 번역텍스트 별로 정리하면 다음의 [도식 24]
와 같다.

[도식 24] 어휘난이도와 평균문장길이

		어휘난이도	평균문장길이
김영선	검은 고양이	32.9	2,891/235 = 12.30
	도둑맞은 편지	34.3	4,905/521 = 9.41
김지영	검은고양이	33.5	2,782/225 = 12.36
	도둑맞은 편지	27.4	3,569/373 = 9.57
전대호	검은고양이	38.0	2,569/235 = 10.93
	도둑맞은 편지	37.4	4,825/593 = 8.14
	어셔가의 몰락	39.3	4,737/399 = 11.87

위의 [도식 24]를 보면, 전반적으로 어휘난이도는 김영선과 김지영에 비해서 전대호가 비교적 높고, 평균문장길이에 있어서는 김영선과 김지영은 비슷한 수치를 보이며 전대호의 경우에는 비교적 낮은 수치를 보임으로서 이독성의 관점에서 보면 어휘난이도와 평균문장길이라는 두 개의 변수에 있어서 상반된 모습을 보인다. 그래서 전대호는 번역과정에서 어휘는 비교적 높은 수준의 어휘를 사용하면서, 평균문장길이가 짧게 번역한다는 문체적 특징을 파악할 수 있는 것이다.

6.4. 정성적 방법에 따른 번역자판별

6.4.1. 번역자판별에 있어서의 번역기법

단일언어코퍼스에 있어서의 저자판별은 하나의 언어로 된 다양한 저자의 다양한 코퍼스를 대상으로 하기 때문에 계량문체론적 방법만으로 분석이 이루어질 수 있고 정성적 분석이 필수적이지는 않을 것이다. 번역자판별의 경우에는 동일한 출발언어에서 비롯되어 번역된 다양한 목표언어코퍼스를 대상으로 함에 따라 계량문체론적인 방법론을 적용하여 추세분석을 한 후 정성적인 분석이 적용되어야 한다. 하나의 텍스트에 대하여 번역자에 따른 다양한 번역이 이루어지는 것은 번역과정에서 번역자의 의도에 따른 서로 다른 번역전이가 적용되기 때문이며 이것이 번역자의 문체적 특성을 구성한다.

본 장에서는 다양한 번역기법 중에서 van Leuven-Zwart(1989)의 비교 모델을 정성적 분석을 위한 기제로 적용하는 바, van Leuven-

Zwart(1989)의 비교모델에 따르면, 번역전이는 3개의 대범주, 8개의 중범주, 그리고 37개의 하위범주로 구분되는데 이는 이미 앞에서 살펴보았다.

6.4.2. 정성적 분석방법의 실제

본 절에서는 실제로 출발언어에서 어떠한 번역기법이 적용되어 목표언어의 문체적인 특성을 구성해서 번역자의 특성을 보여주고, 어떻게 번역자판별이 이루어지는가를 실제 텍스트를 대상으로 살펴본다. 따라서 Edgar Allan Poe의 세 작품, 'The black cat', 'The fall of the house of Usher', 'The purloined letter'를 출발언어텍스트로, 그리고 '검은 고양이', '도둑맞은 편지', '어셔가의 몰락(붕괴)'으로 번역되는 김영선(2006), 김지영(2011), 전대호(2009)의 번역작품을 목표언어텍스트로 설정하여 출발언어텍스트와 목표언어텍스트를 문장단위로 정렬하여 대조분석한다. van Leuven-Zwart(1989: 155)에 따르면, 출발언어텍스트와 목표언어텍스트의 번역전이에 대한 비교분석에서 텍스트 전체를 비교할 수도 없고 또한 비교할 필요도 없으며 텍스트의 일부분을 분석한다 할지라도 출발언어텍스트에서 목표언어텍스트에 적용된 번역전이에 대한 분석이 가능하다고 하였다. 이는 전체의 특성을 충분히 반영하는 부분의 분석으로 번역텍스트에 있어서의 번역전이에 대한 특성을 파악할 수 있다는 것이다.

[도식 25]는 Paraconc 1.0을 통하여 왼편에는 영어로 된 출발언어텍스트를, 오른편에는 한국어로 된 목표언어텍스트를 문장단위로 정렬된 것을 보여준다.

[도식 25] Paraconc 1.0을 통한 출발언어와 목표언어의 문장정렬

본 절에서는 출발언어텍스트와 목표언어텍스트 별로 시작 부분의 문장들을 대상으로 번역과정에 적용된 번역전이를 파악한다. 출발 언어텍스트에서 목표언어텍스트로의 번역에 적용된 다양한 번역전이를 분석하는데 어떠한 번역전이가 적용되었는지는 분석자의 관점과 방법에 따라 서로 다를 수도 있으며, 자연과학적인 분석방법과 같이 정확한 범주의 구분이 어려운 경우도 많을 것이다. 그러나 목표언어텍스트에 대하여 일관성있게 동일한 기준과 관점으로 적용된 번역전이를 파악한다면, 번역전이를 통한 번역자판별에 기여한다 할 것이다. 먼저 '검은 고양이'에 대하여 분석한다.

(6-1)

ST1: For the most wild, yet most homely narrative which I am about to pen, I neither expect nor solicit belief.

TT1-1: 지금부터 하려는 끔찍하면서도 지극히 개인적인 이야기를 사람들이 믿어 주길 난 기대하지도 않고 바라지도 않는다.

TT1-2: 이제부터 내가 쓰려고 하는 끔찍하고도 기이한 이야기에 대해 나는 다른 사람이 믿어 주기를 기대하지도 않지만 믿어달라고 사정도 하지 않을 것이다.

TT1-3: 내가 지금 쓰려고 하는 진짜 소박하면서도 진짜 터무니없는 이야기를 믿을 독자가 있으리라고 기대하지 않는다. 믿어달라고 애원 하지도 않는다.

ST1의 'For the most wild, yet most homely narrative'에 있어서 김영선은 '끔찍하면서도 지극히 개인적인 이야기'로 번역하여 '끔찍하면서'는 '의미적 변경'을 '지극히 개인적인'에 대해서는 '변환/의미의 변화'를 적용하였다. 김지영도 '끔찍하고도 기이한 이야기'로 번역하여 '끔찍하고도'에서 '의미적 변경'을, '기이한'에 대해서는 '변환/의미의 변화'를 적용하였다. 전대호는 '소박하면서도 터무니없는 이야기'로 번역하여 '변환/의미의 변화'를 적용하였다. 김영선은 'I am about to pen'을 '지금부터 하려는'으로 번역하여 '의미적 변조/일반화'를 적용하였으나 김지영과 전대호에서는 '축어역'이 적용되었다. 또한 전대호는 문장을 분리하여 두 개의 문장으로 번역하였다. 'neither expect nor solicit belief'에 있어서 김영선에서는 '사람들이 믿어 주길 난 기대하지도 않고 바라지도 않는다.'로 번역하고 '사람들이'를 추가하여 '변환/추가'가 적용되었고, 'solicit'에 대해서는 '바라지도 않는다'로 번역하여 '의미적 변경'이 적용되었다. 김지영은 '믿을 독자'로 번역하여 '변환/추가'하였으며, 'solicit'에 대해서는 '사정도 하지 않을 것이다'로 번역하여 '축어역'이 적용되었다. 전대호도 '믿어 달라고 애원하지도 않는다'로 번역하여 '축어역'이 적용되었다.

(6-2)

ST2: Mad indeed would I be to expect it, in a case where my very senses reject their own evidence.

TT2-1: 나 자신도 믿지 못하는 일을 다른 사람들이 믿어 주길 바란다면, 나는 분명 미친 사람일 게다.

TT2-2: 내 눈으로 보고도 믿을 수 없는 것을 다른 사람들에게 믿어 달라는 것은 미치광이의 잠꼬대에 불과한 일일 테니 말이다.

TT2-3: 나 자신의 감각들조차 자기네가 확보한 증거를 거부하는 마당에 독자의 믿음을 기대한다면 나는 정말 미친놈일 것이다.

(6-2)의 ST2의 경우 김영선과 전대호는 'Mad indeed would I be'를 각각 '나는 분명 미친 사람일 게다'와 '나는 정말 미친 놈일 것이다'로 놈을 추가하여 '통사-문체적 변경/명시화'가 적용되었으나, 김영선은 '미치광이의 잠꼬대일 테니 말이다'로 번역하여 '변환/추가'를 적용하였다. 그리고 'to expect it'에 대하여 김영선과 김지영은 관계부사로 연결되는 명사구를 절로 번역함으로써 '통사-의미적 변경/문법부류/기능'을 적용하였으나, 전대호는 'case'를 '마당'으로 번역하여 '문체적 변경/사용역'을 적용하였다. 'my very senses reject their own evidence'에 있어서 전대호는 '축어역'을 적용하였으나 김영선은 '나 자신도 믿지 못하는 일', 김지영은 '눈으로 보고도 믿을 수 없는 것'으로 번역하여 '변환/의미의 변화'가 적용되었다.

(6-3)

ST3: Yet, mad am I not – and very surely do I not dream.

TT3-1: 그러나 나는 미치지도 않았고, 꿈을 꾸고 있는 것도 아니다.

TT3-2: 그러나 나는 미친 것도 아니고 꿈을 꾸고 있는 것도 아니다.

TT3-3: 난 미친놈이 아니다. 또 정말 확신하노니 꿈을 꾸는 것도 아니다.

(6-3) ST3의 번역에서 김영선과 김지영은 'very surely'에 대하여 번역을 하지 않아서 '변환/삭제'가 적용되었지만, 전대호는 '축어역'을 적용하였고 'yet'을 번역하지 않아 변환/삭제가 적용되었다.

(6-4)

ST4: But tomorrow I die, and today I would unburthen my soul.

TT4-1: 내일 난 죽는다. 그래서 오늘 마음의 무거운 짐을 내려놓고자 한다.

TT4-2: 나는 내일이면 이 세상을 떠날 신세다. 그러므로 오늘, 내 마음을 짓누르고 있던 무거운 짐을 모두 벗어 버릴 생각이다.

TT4-3: 아무튼 나는 내일 죽는다. 그래서 오늘 영혼의 짐을 내려놓으려 한다.

(6-4) ST4에서 김영선은 'unburthen my soul'을 '마음의 무거운 짐을 내려놓고자 한다'로 번역하여 '문체적 변조/일반화'와 '짐'을 번역에 추가하여 '변환/추가'를 적용하였고, 김지영은 '이 세상을 떠날 신세다'로 번역함으로써 '변환/의미의 변화'를 적용하였다. 전대호는 '영혼의 짐을 내려놓으려 한다'로 번역하여 '축어역'을 적용하면서 '변경/추가'를 적용하였다.

(6-5)

ST5: My immediate purpose is to place before the world, plainly, succinctly, and without comment, a series of mere household events.

TT5-1: 지금부터 나의 가족에게 일어난 사건들을 있는 그대로, 간결하게 세상에 밝히고자 한다.

TT5-2: 내가 이 글을 쓰는 가장 큰 목적은 한 집안에서 일어난 일련의 사건을 솔직히 그리고 간단명료하게 세상 사람들 앞에 피력하기 위해서이다.

TT5-3: 나의 일차적인 목적은 그저 집안일일 뿐인 잇따른 사건들을 솔직하고 간결하게, 아무 논평 없이 세상에 알리는 것이다.

(6-5) ST5의 'My immediate purpose'에 대하여 김영선은 '변환/삭제'를 적용하여 번역이 되지 않았고, 'place before the world a series of mere household events'를 '세상에 밝히고자 한다'로 번역하여 '변환/의미의 변화'가 적용되었다. 김지영은 '내가 이 글을 쓰는 가장 큰 목적은'과 같이 번역하여 '변환/추가'를 적용하고, '세상 사람들 앞에 피력하기 위해서 이다'와 같이 번역하여 '변환/의미의 변화'를 적용하였다. 또한 전대호가 '나의 일차적인 목적'으로 번역한 것은 '축어역'이며 '세상에 알리는 것이다'로 번역한 것은 '통사-문체적 변경/명시화'가 적용된 것이다. 'without comment'에 대하여 김영선은 '있는 그대로'로 번역함에 따라 '통사-문체적 변경/명시화'가 적용되었다. 이에 대하여 김지영에서는 '변환/삭제'가 적용되었고, 전대호는 '아무런 논평 없이'라고 번역하여 '축어역'을 적용하였다.

(6-6)

ST6: Yet, I will not attempt to expound them.

TT6-1: 그렇지만 그 사건들에 대해 주관적인 해석을 하지는 않을 것
이다.

TT6-2: 그러나 나는 그 이유를 설명하고 싶지는 않다.

TT6-3: 하지만 그 일들을 해설하려 하지는 않겠다.

(6-6) ST6의 'I will not attempt to expound them'에 대하여 김영선
은 '주관적인 해석을 하지는 않을 것이다'로 번역하여 '의미적 변경/
구체적 요소'를 적용하였고 김지영은 '그 이유를 설명하고 싶지는 않
다'와 같이 번역하여 '축어역'에 '변환/추가'를 적용하였다. 그리고 전
대호는 '해설하려 하지는 않겠다'로 번역하여 '축어역'을 적용하였다.

(6-7)

ST1-7: To me, they have presented little but Horror — to many
they will seem less terrible than baroques.

TT1-7: 내게는 엄청난 공포를 안겨 준 사건이었지만, 대부분의 사람
들에게는 무시무시한 느낌보다는 그저 터무니없는 괴담 정도
로 들리지도 모르겠다.

TT2-7: 그 사건은 나에게 공포감을 안겨 주었을 뿐이지만, 다른 사람
들에게는 오히려 기이한 느낌을 줄지도 모른다.

TT3-7: 나에게 그 사건들은 거의 공포 그 자체였지만, 많은 이들에게
는 바로크 작품보다 덜 무섭게 느껴질 것이다.

(6-7)의 ST1-7에서는 김영선과 김지영은 'baroques'를 '터무니없
는 괴담'이나 '기이한 느낌'으로 번역하여 '의미적 변조/일반화'를 적
용하였고, 전대호는 '바로크 작품'으로 번역하여 '축어역'을 적용하

여 원문에 가까운 직역의 경향을 보였다.

(6-8)

ST8: Hereafter, perhaps, some intellect may be found which will
reduce my phantasm to the common-place - some intellect
more calm, more logical, and far less excitable than my own,
which will perceive, in the circumstances I detail with awe,
nothing more than an ordinary succession of very natural
causes and effects.

TT8-1: 어쩌면 내 악몽조차도 흔히 있는 시시한 일로 넘겨 버리는 지
성의 소유자가 나타날지도 모를 일이다. 그래서 나보다 훨씬
더 냉정하고 논리적이고 침착한 그 지성의 소유자는 내가 지
금부터 두려운 마음으로 묘사하는 사건들 속에서 어떤 자연
스러운 인과관계를 찾아낼 수 있을지도 모른다.

TT8-2: 하지만 이후 어떤 지력을 가진 사람-나보다 침착하고 논리적
이며, 기질상 그다지 흥분하지 않는 사람-이 나타나서 내가
겪은 사건이 평범한 사건이었을 뿐이라고 밝혀낼 수도 있을
것이다.

TT8-3: 아마 언젠가는 어떤 지성이 나타나 나의 환상을 케케묵은 것
으로 만들지도 모른다. 나의 지성보다 더 고요하고 더 논리적
이고 훨씬 더 침착한 어떤 지성은 내가 두려움에 떨며 상세히
기술하는 일들에서 단지 매우 자연스런 원인과 결과의 평범
한 잇따름만을 알아챌 것이다.

(6-8)에서 'some intellect may be found'에 대하여 김영선은 '지성
의 소유자가 나타날지도 모를 일이다'로 번역하였고, 김지영은 '어떤
지력을 가진 사람이 나타나서'로 번역하였으며, 전대호는 '어떤 지성

이 나타나'로 번역함에 따라 수동문을 능동문으로 변형함으로써 각각의 번역자들이 모두 '통사—화용적 변경/주제적 의미'를 적용하였다. 'in the circumstances I detail with awe'에서 김영선은 '두려운 마음으로 묘사하는 사건들'과 같이 번역하고 'circumstances'에 대해서는 '사건'으로 번역하여 '변조/구체화'를 적용하였다. 이에 대하여 김지영은 '내가 겪은 사건'으로 번역하고 'circumstances'에 대해서는 '사건'으로 번역하여 마찬가지로 '변조/구체화'를 적용하였으며 또한 '내가 겪은'을 추가하여 '변환/추가'를 적용하고 'with awe'에 대하여 '변환/삭제'를 적용하였다. 전대호는 '두려움에 떨며'와 같이 번역함으로써 '통사/문체적 변경'을 적용하고 'circumstances'에 대해서는 '일'로 번역하여 반대로 '변조/일반화'를 적용하였다. 이와 같이 '검은 고양이'의 분석결과 '통사—문체적 변경'이 세 번역자 모두에게서 많이 적용되었으며, 전대호는 '축어역'을 많이 적용하여 비교적 원작에 가까운 번역이 이루어졌다는 것을 알 수 있다. 김영선과 김지영의 경우 김지영이 '변환/추가'와 '변환/삭제'를 비교적 많이 적용하여 김영선이 김지영 보다는 원문에 가깝고, 김지영의 번역문체는 원문으로부터 비교적 자유로운 번역이 적용되었음을 알 수 있다. 다음으로 '도둑맞은 편지'를 다룬다.

(6-9)

ST9: At Paris, just after dark one gusty evening in the autumn of 18--, I was enjoying the twofold luxury of meditation and a meerschaum, in company with my friend C. Auguste Dupin, in his little back library, or book-closet, au troisieme, No. 33, Rue Dunot, Faubourg St. Germain.

TT9-1: 18xx년 바람이 몹시 불던 어느 가을날 저녁 땅거미가 진 직후, 장소는 파리의 생제르맹 시 퍼브르 구의 뒤노 가 33번지 4층. 나는 친구C. 오귀스트 뒤팽과 함께 그의 작은 서재에서 파이프 담배를 피우며 명상에 잠기는 이중의 호사를 즐기고 있었다.

TT9-2: 파리에 머물던 18xx년 바람 부는 어느 가을날, 어둠이 막 시작될 무렵이었다. 나는 파리 교외 생제르맹의 뒤노 가 33번지 4층에 있는 C.오거스트 뒤팽의 조그만 서재에서 그와 함께 해포석 파이프를 입에 문 채 명상에 잠기는 이중의 사치를 즐기고 있었다.

TT9-3: 18--년 가을 파리의 어느 비바람 부는 저녁 어두워진 직후에 나는 친구인 C.오귀스테 뒤팽과 파이프를 피우며 명상에 잠기는 두 겹의 호사를 누리고 있었다. 생제르맹 구역, 뒤노 가 33번지 3층에 위치한 뒤팽의 작은 뒷서재 혹은 책창고에 서였다.

(6-9)의 ST-9에서 김영선은 원문에 없는 '장소'를 추가하여 '변환/추가'를 적용하였고 'book-closet'을 삭제하고 'meerschaum'이 파이프의 재료를 가리키므로 이를 '파이프'로 번역한 것은 '문체적 변조/일반화'라고 할 수 있다. 전대호는 '추가'와 '삭제'가 없이 비교적 출발언어를 목표언어에 일치하게 번역을 하였으며 두 개의 문장으로 구분하였다.

(6-10)

ST10: For one hour at least we had maintained a profound silence; while each, to any casual observer, might have seemed intently and exclusively occupied with the curling eddies of smoke that oppressed the atmosphere of the chamber.

TT10-1: 적어도 한 시간 이상 우리는 깊은 침묵을 지키고 있었다. 얼핏 보면, 우리가 방 안의 공기를 짓누르며 소용돌이치고 있는 담배 연기에만 정신이 팔려 있는 것 같았으리라.

TT10-2: 우리는 적어도 한 시간가량 깊은 침묵에 잠겨 있었다. 만일 누군가가 우연히 방 안을 들여다보았다면, 온통 공기를 무겁게 짓누르는 담배 연기의 소용돌이에서 우리가 정신을 잃고 있는 것처럼 보였을지도 모른다.

TT10-3: 적어도 한 시간 동안 우리는 완벽한 침묵을 지켰다. 누군가 우연히 보았다면, 우리 각자가 그 방의 공기를 짓누르고 소용돌이치는 담배 연기에만 의도적으로 집중하고 있는 것처럼 보였을 것이다.

(6-10)의 ST10에서 김영선은 'maintained a profound silence'에 대하여 '깊은 침묵을 지키고 있었다'로 번역하여 '축어역'을, 김지영은 '깊은 침묵에 잠겨 있었다'로 번역하여 '의미적 변경'을 적용하였으며, 전대호는 '축어역'을 적용하였다. 'to any casual observer'에 대하여 김영선은 '얼핏 보면'으로 번역하였고, 김지영은 '만일 누군가가 우연히 방안을 들여다보았다면'으로 번역하였으며, 전대호는 '누군가가 우연히 보았다면'으로 번역하여 '통사-의미적 변경/문법부류/기능'이 적용되었다. 이때 김지영의 경우 '들여다 보았다면'과 같이 번역함으로써 '변환/추가'도 적용되었다. 또한 'intently and exclusively occupied'에 대하여 김영선은 '정신이 팔려 있는 것 같았으리라'로 김지영은 '정신을 잃고 있는 것처럼 보였을지도 모른다'로 전대호는 '의도적으로 집중하고 있는 것처럼 보였을 것이다'로 번역함으로써 김영선과 김지영은 '의미적 변경'을, 전대호는 '축어역'을

적용하였다. 또한 김지영은 '무겁게 짓누르는'으로 번역하여 '변환/추가'를 적용하였다.

(6-11)

ST11: For myself, however, I was mentally discussing certain topics which had formed matter for conversation between us at an earlier period of the evening; I mean the affair of the Rue Morgue, and the mystery attending the murder of Marie Roget.

TT11-1: 그러나 나는 조금 전에 우리가 이야기했던 문제들에 관해 이것저것 따져 보고 있었다. 그 문제들이란 다름이 아니라 모르그거리의 살인 사건과 마리 로제 살인 사건에 얽힌 미스터리였다.

TT11-2: 그러나 나는 이른 저녁 시간부터 뒤팽과 나눌 대화의 주제에 대해 혼자 생각하고 있던 중이었다. 그것은 모르그가의 사건과 마리 로제 살인 사건에 얽힌 미스터리였다.

TT11-3: 하지만 적어도 나는 그날 저녁 일찍 우리가 나눈 대화의 주제들을 마음속으로 검토하고 있었다. 모르그가 사건, 그리고 마리 로제의 살인에 얽힌 수수께끼를 말이다.

(6-11)의 'was mentally discussing certain topics between us'에 대하여 김영선은 '이것저것 따져 보고 있었다'로 번역하여 '의미적 변조/구체화'가 적용되었고, 김지영은 '혼자 생각하고 있던 중이었다'로 번역하여 '변환/의미의 변화'가 적용되었다. 전대호에서는 '마음속으로 검토하고 있었다'로 원문에 충실하게 '축어역'이 적용되었다.

(6-12)

ST12: I looked upon it, therefore, as something of a coincidence, when the door of our apartment was thrown open and admitted our old acquaintance, Monsieur G--, the Prefect of the Parisian police.

TT12-1: 그래서 방문이 활짝 열리면서 오래전부터 잘 알고 지낸 파리의 경찰국장 G씨가 들어오는 것은 대단한 우연의 일치같았다.

TT12-2: 그런데 그때 갑자기 문이 활짝 열리더니 우리가 잘 아는 파리 경시청의 총감인 Gxx가 들어와, 나는 이것이 무슨 우연의 일치인가 하는 생각을 했다.

TT12-3: 그래서 우리 아파트의 문이 활짝 열리며 우리의 옛 지인이자 파리 경찰국장인 G씨가 들어섰을 때, 나는 묘한 우연이라고 생각했다.

(6-12)의 ST12에서 'looked upon it, therefore, as something of a coincidence'에 대하여 김영선은 '대단한 우연의 일치같았다'로 번역함에 따라 '통사-문체적 변경/명시화'를 적용하였고, 김지영은 '이것이 무슨 우연의 일치인가 하는 생각을 했다'로 번역하여 '통사-문체적 변경/명시화'와 동시에 '변환/추가'를 적용하였다. 전대호에 따르면, '묘한 우연이라고 생각했다'로 번역하여 '변환/추가'를 적용하였다. 다음으로 'admitted our old acquaintance'에 대하여 김영선과 김지영은 '오래전부터 알고 지낸', '우리가 잘 아는'과 같이 명사를 절로 번역하여 '통사-의미적 변경/문법부류/기능'을 적용하였다. 전대호에서는 '우리의 옛 지인'으로 번역되어 '축어역'이 적용되었다.

(6-13)

ST13: We gave him a hearty welcome; for there was nearly half as much of the entertaining as of the contemptible about the man, and we had not seen him for several years.

TT13-1: 우리는 G씨를 반갑게 맞이했다. 그는 재미있는 사람이기도 하거니와 그 두 배 정도로 골려 주기에도 좋은 사람이었고, 또 우리는 몇 년 만에 만나는 것이었기 때문이다.

TT13-2: 우리는 그를 반갑게 맞이했다. 겉모습이 다소 비열해 보이긴 해도, 어느 정도 유쾌한 면도 있는 사람인데다 여러 해 동안 만나지 못했기 때문이다.

TT13-3: 우리는 그를 진심으로 환영했다. 그는 비열해도 그 비열함이 거의 절반만큼은 재미있는 인물이었고, 우리는 그를 여러 해 동안 못 보았으니까.

(6-13)에서 ST13의 'there was nearly half as much of the entertaining as of the contemptible about the man'에 대하여 김영선은 '재미있는 사람이기도 하거니와 그 두 배 정도로 골려 주기에도 좋은 사람이었고'와 같이 번역하면서 어순의 차이를 이용하여 'half'의 의미 대신 '두 배'를 사용하여 '변환/의미의 변화'를 적용하였고, 'as~as'구문에 대해서는 '하거니와'로 번역하여 '문체적 변경/사용역'을 적용하였다. 김지영의 경우에는 '겉모습이 다소 비열해 보이긴 해도 어느 정도 유쾌한 면도 있는 사람인데다'에서 보는 바와 같이 '어느 정도'를 추가하여 '변환/추가'를 적용하였다. 전대호는 '비열해도 그 비열함이 거의 절반만큼은 재미있는 인물이었고'와 같이 원문의 구조에 충실한 번역을 시도하였다. 이상과 같이 '도둑맞은 편지'의 분석에서도 전대호는 원문에 가까운 '축어역'을 위주로 하였고 김영

선보다는 김지영에서 '변환/추가'가 많이 적용된 번역상의 문체적인
특징을 볼 수 있다. 다음으로 '어셔가의 몰락'에 대하여 분석한다.

(6-14)

ST14: During the whole of a dull, dark, and soundless day in the
autumn of the year, when the clouds hung oppressively low
in the heavens, I had been passing alone, on horseback,
through a singularly dreary tract of country; and at length
found myself, as the shades of the evening drew on, within
view of the melancholy House of Usher.

TT14-1: 구름이 숨 막힐 듯 낮게 내려앉은 어둑하고 음산하고 적막한
어느 가을날, 나는 온종일 혼자 말을 타고 황량하기 짝이 없
는 시골길을 달렸다. 그리고 땅거미가 질 무렵, 마침내 어셔
가의 음침한 저택이 보이는 곳에 다다랐다.

TT14-2: 하늘에 음침한 구름이 끼어 있는, 어둡고도 고요한 정적이
깃든 어느 가을날이었다. 나는 혼자서 말을 탄 채 종일토록
어떤 황량한 지방을 지나고 있었다. 저녁 어스름이 내릴 무
렵, 음울한 어셔 가의 저택이 보이는 곳에 당도했다.

TT14-3: 그해 가을, 구름이 답답할 정도로 낮게 드리운 흐리고 어둡
고 고요한 어느 날 나는 온종일 혼자서 말을 타고 유별나게
황량한 지역을 지나고 있었다. 이윽고 저녁 어스름이 깔릴
무렵, 나는 음침한 어셔 가가 보이는 곳에 이르렀다.

(6-14)의 ST14에서 'when the clouds hung oppressively low in
the heavens'에 대하여 김영선은 'the heavens'의 번역에 대하여 '변
환/삭제'를 적용하였고 'hung oppressively low'에 대해서는 '구름이
숨 막힐 듯 낮게 내려앉은'으로 번역하면서 각각 'hung'과 'low'에

대하여 품사를 변경함으로써 '통사—의미적 변경/문법부류/기능'을 적용하였다. 김지영은 '하늘에 음침한 구름이 끼어 있는'으로 번역하여 '통사—문체적 변경/명시화'를 적용하였고, 전대호는 '구름이 답답할 정도로 낮게 드리운'으로 번역하여 각각 '의미적 변경'이 적용되었다.

    (6-15)

      ST15: I know not how it was--but, with the first glimpse of the building, a sense of insufferable gloom pervaded my spirit.

      TT15-1: 어찌된 영문인지 모르겠지만, 그 집을 처음 얼핏 보았을 때부터 견딜 수 없는 음울함이 내 영혼을 사로잡았다

      TT15-2: 어째서 그랬는지 이유는 알 수 없지만, 그 저택을 처음 본 순간 견딜 수 없는 우울한 기분이 나의 마음속에 스며들었다.

      TT15-3: 어째서 그랬는지는 모르겠다. 아무튼 그 건물을 처음 보는 순간 견딜 수 없는 우울함이 내 영혼을 덮쳤다.

    (6-15)의 ST15에서 'I know not how it was'에 대하여 김영선은 '어찌된 영문인지 모르겠지만'으로 번역하였고 김지영은 '어째서 그랬는지 이유는 알 수 없지만'으로 번역하여 '통사—문체적 변경/명시화'뿐만 아니라 '변환/추가'를 적용하였다. 전대호의 경우에 '어째서 그랬는지는 모르겠다'로 번역하여 '축어역'을 적용하였다. 'a sense of insufferable gloom pervaded my spirit'에 있어서 김영선은 '내 영혼을 사로잡았다'로 번역하여 '변환/의미의 변화'를 적용하였고 김지영은 '나의 마음속에 스며들다'로 번역하여 '축어역'을 적용하였으며 전대호는 '내 영혼을 덮쳤다'로 번역하여 '의미적 변경'이 적용

되었다.

(6-16)

ST16: I say insufferable; for the feeling was unrelieved by any of
that half-pleasurable, because poetic, sentiment, with which
the mind usually receives even the sternest natural images of
the desolate or terrible.

TT16-1: '견딜 수 없는'이라는 표현을 쓴 데는 그만한 이유가 있다.
보통 인간의 마음은 아무리 황량하거나 끔찍한 자연의 이미
지에서조차 시적인 영감을 얻어 부분적으로나마 즐거움을
느낄 수 있는 법인데, 그 집을 보았을 때의 기분은 그러한
기분은 그러한 감정으로도 누그러들 여지가 전혀 없었기 때
문이다.

TT16-2: 그것은 정말이지 견딜 수 없는 그 무엇이었다. 그 이유는,
아무리 외떨어져 있고 황량한 자연경관이라 하더라도 조금
쯤은 편안하고 시적인 마음이 들기 마련인데, 지금의 경우
나의 마음속에 스며든 우울한 감정을 누그러뜨릴 수 없었기
때문이다.

TT16-3: 견딜 수 없는 우울함. 그 느낌은, 정신이 더할 나위 없이 황
폐하거나 가혹한 자연의 광경을 받아들일 때조차도 일어나
며 시적이라서 반쯤은 즐길 만한 그런 감정에 의해서도 누그
러지지 않았다.

(6-16)의 ST16에 있어서 'I say insufferable; for~'에 대하여 김영
선은 '견딜 수 없는 이라는 표현을 쓴 데에는 그만한 이유가 있다'로
번역하면서 '통사-의미적 변경/문법부류/기능'을 적용하였고, 'for'
에 대하여 김지영도 '그 이유는'과 같이 '통사-의미적 변경/문법부

류'를 적용하였다. 전대호는 'for'에 대하여 번역을 하지 않아서 '변환/삭제'를 적용하였다.

(6-17)

ST17: I looked upon the scene before me--upon the mere house, and the simple landscape features of the domain--upon the bleak walls--upon thevacant eye-like windows--upon a few rank sedges--and upon a few white trunks of decayed trees--with an utter depression of soul which I can compare to no earthly sensation more properly than to the after-dream of the reveller upon opium--the bitter lapse into everyday life--the hideous dropping off of the veil.

TT17-1: 나는 내 앞에 펼쳐진 광경-외딴 집과 그 일대의 단조로운 풍경, 황폐한 담, 얼빠진 눈 같은 창문들, 두세 군데에 무성하게 자라 있는 사초, 줄기를 허옇게 드러낸 썩은 나무 몇 그루-을 둘러보고는 더할 나위 없는 침울한 기분에 빠져 들었다. 그 기분은 아편에 취했던 사람이 깨어날 때의 감정-현실로 돌아왔을 때의 고통, 가면이 벗겨지는 듯한 끔찍한 느낌-에나 비할 수 있을 것이다.

TT17-2: 나는 눈 앞에 펼쳐진 광경 - 아무런 특징도 없이 덩그러니 서 있는 그 저택, 주변의 단조로운 풍경, 황폐한 느낌이 감도는 담, 공허한 눈을 연상케 하는 창들, 몇 개의 무성한 사초더미, 몇 그루의 늙고 썩은 나무들의 버석버석한 둥치들……. 나는 그것들을 아주 을씨년스러운 기분으로 바라보았다. 그 느낌은 마치 아편 중독자가 꿈에서 깨어나 일상으로 되돌아올 때의 이상야릇한 허전함이나 베일을 벗겨낼 때의 스산한 감정 외에는 이 세상의 어떤 감정과도 비교할 수 없는 것이었다.

TT17-3: 나는 눈앞의 광경을 바라보았다. 그저 집에 불과한 그 집과 근처의 단순한 지형… 을씨년스런 벽들… 텅 빈 눈과 같은 창들… 몇 줄로 늘어선 사초… 썩어서 하얗게 변한 나무둥치 몇 개… 우울, 나로서는 아편에 흥청거린 후에 덮쳐오는 망상 외에는 어떤 지상의 감정에도 빗댈 수 없는 철저한 우울… 일상으로의 쓰라린 전락… 소름끼치게 벗겨져 내리는 베일.

(6-17) ST17에서 'upon the mere house, and the simple landscape features of the domain'에 대하여 김영선은 '외딴 집과 그 일대의 단조로운 풍경'으로 번역하여 '축어역'을 적용하면서 'features'에 대한 번역을 하지 않음에 따라 '변환/삭제'를 적용하였다. 전대호는 '그저 집에 불과한 그 집과 근처의 단순한 지형'으로 번역하여 '축어역'으로 번역하였으나, 김지영은 '아무런 특징도 없이 덩그러니 서 있는 그 저택 주변의 단조로운 풍경'으로 번역함으로써 '통사-문체적 변경/명시화'와 '변경/추가'를 적용하였다. 'with an utter depression of soul which I can compare to no earthly sensation more properly than to the after-dream of the reveller upon opium'에 대해서 전대호는 '아편에 흥청거린 후에 덮쳐오는 망상 외에는 어떤 지상의 감정에도 빗댈 수 없는 철저한 우울'로 번역하여 'with an utter depression'을 한국어에서 명사로 번역한 '통사-의미적 변경/문법부류'와 'the reveller'를 '아편에 흥청거린 후에'로 번역하여 '통사-문체적 변경/일반화'를 적용하였다. 이 부분 이외에는 '축어역'에 충실한 것으로 보인다. 김영선의 경우 'with an utter depression of soul'에 대하여 '더할 나위 없는 침울한 기분에 빠져 들었다'와 같이 문장으로 번역하

여 '통사-의미적 변경/문법부류/기능'과 '변환/추가'를 적용하였다. 김지영의 경우에도 '그것들을 아주 을씨년스러운 기분으로 바라보았다'와 같이 번역하여 '통사-의미적 변경/문법부류/기능'과 '변환/추가'를 적용하였다. 'the bitter lapse into everyday life--the hideous dropping off of the veil'에 대하여 김영선은 '현실로 돌아왔을 때의 고통, 가면이 벗겨지는 듯한 끔찍한 느낌'으로 번역하여 '통사-문체적 변경/명시화'와 '변경/추가'를 적용한 것을 볼 수 있다. 김지영도 '일상으로 되돌아올 때의 이상야릇한 허전함이나 베일을 벗겨낼 때의 스산한 감정'과 같이 번역하여 '통사-문체적 변경/명시화'와 '변경/추가'를 적용하였다.

(6-18)

ST18: There was an iciness, a sinking, a sickening of the heart--an unredeemed dreariness of thought which no goading of the imagination could torture into aught of the sublime.

TT18-1: 가슴이 싸늘해지는가 싶더니 철렁 내려앉으며 통증이 느껴졌다. 그것은 아무리 상상력을 발휘해도 결코 숭고한 어떤 것으로 만들 수 없는, 도저히 회복 불가능한 우울함이었다.

TT18-2: 마음이 싸늘하게 가라앉으면서, 기운이 빠지고 구역질이 났다. 아무리 상상력을 이끌어낸다 해도 도저히 평온한 마음으로 기분을 바꿀 수 없는, 견딜 수 없는 그런 적막감이었다.

TT18-3: 얼음 같은 차가움, 병들어 가라앉는 마음이 있었다… 상상력이 아무리 닦달해도 숭고한 무언가로 바꿀 수 없는 오롯하게 쓸쓸한 생각. 무엇일까…

(6-18)의 ST18에 있어서 'There was an iciness, a sinking, a

sickening of the heart'에 대하여 김영선은 '가슴이 싸늘해지는가 싶더니 철렁 내려앉으며 통증이 느껴졌다'와 같이 번역하여 'There was'구문을 '가슴을 주어로 번역하고', 'iciness'도 '싸늘해지는가 싶더니'로, 'sinking'도 '내려앉으며'로 번역하여 '통사—의미적 변경/문법부류/기능'이 적용되었고 '철렁'의 번역에서 '변환/추가'를 하였다. 그리고 'sickening'도 '통증이 느껴졌다'로 '변환/추가'뿐만 아니라 '통사—의미적 변경/문법부류/기능'이 적용되었다. 김지영은 '마음이 싸늘하게 가라 앉는다'로 번역하여 '통사—의미적 변경/문법부류/기능'과 '변환/추가'가 적용되었다. 전대호에게 있어서는 '얼음 같은 차가움', '병들어 가라앉는 마음이 있었다.'로 번역하여 '통사—문체적 변경/명시화'가 적용되었다.

이렇게 Edgar Allan Poe의 세 작품과 그에 대한 번역작품에 대하여 번역전이의 분석에 의한 정성적 분석을 한 결과, 그 번역기법에 있어서 전대호는 비교적 원문에 충실한 '축어역'을 많이 적용하였고, 김영선과 김지영에 있어서는 '의미적 변경', '문체적 변경', '통사—의미적', '통사—문체적 변경'이 비교적 많이 적용되었다. 김지영의 경우 '변환'도 많이 적용되어 번역이 원문에서 비교적 거리가 먼 번역이라는 것을 알 수 있으며 만연체적인 특징을 지닌다고 할 수 있다. 따라서 번역자판별에 있어서 정량적 분석에 의한 정보와 정성적 분석에 의한 정보를 상호보완적으로 이용하여 번역텍스트에 있어서 번역자의 문체적 특성을 파악할 수 있으며 번역자판별에 기여한다 할 것이다. 37개의 하위범주 중에서 특정부류의 번역전이가 많이 적용되는 것은 원래 출발언어텍스트의 성격에 따라 적용될 수 있는 번역전이의 가능성을 제한하는 것으로 볼 수 있다. 본 장에서 대상으로 하는 세 개의 출발언어텍스트는 일상적인 삶에서 일어나는 사건을 다루면서 등장인물의 성격이나 심리를 묘사하기 때문에 사용역, 전문적, 시간적 요소 등을 사용한 번역전이는 적용될 가능성이 적은 것으로 보인다. 그리고 출발언어 텍스트에서 등장인물이 많은 경우 번역과정에서 독자의 이해를 높이기 위하여 통사-화용적 변경/직시어/대용어를 많이 사용하겠지만 본 분석에서는 그러하지 않음을 알 수 있다. 아울러 이러한 번역기법에 대한 분석은 번역과정과 결과에 대한 연구로서 번역기법과 번역평가에 대한 측정기준으로 기능할 수 있을 것이다.

6.5. 끝맺는 말

본 장에서는 동일한 출발언어텍스트에서 출발하여 몇몇의 번역자에 의하여 번역된 목표언어텍스트를 대상으로 계량문체론적 방법론에 따라 정량적 방법을 적용하여 분석하였고, 또한 번역과정에 적용되는 번역자들의 번역기법에 따른 번역전이를 대상으로 하는 정성적 분석방법을 적용하여 번역자판별에 기여하는 것을 살펴보고 번역자판별의 가능성을 제시할 수 있다.

제7장

에필로그

오늘날 거미줄같이 엮여있는 웹환경에서 가령 국제간 또는 언어 간 정보교류의 중요성을 우리는 잘 알고 있다. 전 세계의 웹에서 제 공되는 정보의 대다수는 영어로 제공되고 있다. 가령 구글에서 제공 하는 자동번역서비스는 – 비록 영·한번역이 정확하지는 않지만, 그 래서 많은 연구와 보완이 필요한 것이 사실이지만 – 대조분석기반에 서 구축이 된 것이고, 이러한 자동번역서비스뿐 아니라, 다국어 정 보검색, 번역에 있어 'Original'과 'Translat'의 검증, 그리고 코퍼스, 특히 병렬코퍼스에 기반한 외국어교육에 있어서의 오류분석을 위한 기제로써 대조분석은 새로이 자리매김을 하게 됨으로써, 그 영역을 깊게 그리고 넓게 확장할 수 있을 것이다.

번역의 역할은 두 언어에서 공유된 의미를 지닌 구조의 항목들을 번역을 통하여 격리시킴으로서, 대조분석에서의 번역의 용도가 끝 나는 것이 아니라, 격리된 언어구조에서 통합된 메시지에서 텍스트,

화용의 차원으로 계속적으로 등가를 위한 조정의 기제로 이용되어야 할 것이다. 번역이란 과정이 될 수 있고 과정임과 동시에 결과가 될 수 있다. 번역된 결과인 병렬코퍼스를 통해서 두 개별언어의 즉, 음성·음운차원에서 출발하여 형태, 통사, 담화 등의 차원에 이르기까지 언어적 특성 및 공통점과 차이점을 분석할 수 있어 분석의 기제가 되고, 번역과정은 대조분석에 의해 대응의 관계로부터 번역에서의 등가를 탐색하는 전환과정의 기초를 제공하는 것이다. 경우에 따라서는 대조분석에 있어서 철저히 대조분석의 대응방식만으로는 완전 일치가 아닌 경우를 설명할 수 없을 것이며, 대조분석에 있어서도 분석오류에서 벗어나기 위해서는 등가의 개념의 도움을 얻어야 하고, 번역만의 등가개념을 사용하게 되면 그 문법적인 특성을 간과하게 될 것이다. 이상적으로는 대조분석의 대응과 번역에 있어서의 등가가 구분이 된다 할지라도, 실제적인 활용 차원에서는 순환적 관계로서 상호보완의 입장에 있다 할 것이다.

아날로그에서 디지털로의 전환과 'Atom'에서 'Bit'로의 변화는 우리 주변의 모든 사회, 경제, 문화, 과학 전반의 패러다임 전환을 요구하였다. 이러한 맥락에서 언어연구에 있어서의 방법론 역시 전산에 의한 대규모 대용량의 코퍼스에 의한 실증적인 연구에 기반하게 되고, 따라서 대조언어학과 번역학에 기반한 병렬코퍼스를 통하여 그 현상의 분석과 규명이 이루어지는 것이다.

대규모, 대용량 코퍼스를 코드를 통하여 부호화, 주석과정을 거치면 디지털화된 데이터가 되며 디지털자료와 이를 분석하는 소프트웨어 툴은 접근성, 확장가능성, 호환성을 충족하여야 하며, 디지털 자료와 범용 또는 'DIY'된 소프트웨어를 바탕으로 코퍼스의 분석이 이루어져야 할 것이다.

 텍스트에 있어서 저자의 개인적 특성과 언어적 기호를 반영하는 것이 문체이며 이를 통해 저자판별이 이루어진다면, 출발언어에서 목표언어로의 번역과정에서 번역자가 적용하는 번역기법은 문체적 특성을 부여하고 이것이 번역자의 문체라고 할 수 있으며 이를 판별하는 것이 바로 번역자판별이 된다. 저자판별의 경우에는 단일언어로 된 다양한 텍스트를 대상으로 계량 문체론적인 특징을 파악하므로 그 특성을 파악하기가 비교적 용이하다고 할 수 있다. 번역자판별의 경우에는 동일한 출발언어로부터 공동의 텍스트에 대한 번역으로 다양한 목표언어텍스트가 생산되므로 저자판별에서와 같은 정도의 정량적, 정성적 분석에 있어서의 판별능력을 기대할 수는 없어 보인다. 그러나 번역자가 분명하지 않은 상황에서 정량적인, 정성적인 분석의 상호보완적인 분석방법을 통해서 번역자의 귀속여부를 판별할 수 있을 것이다. 번역자판별은 번역텍스트를 대상으로 하여 번역자의 진위를 규명하는 번역자판별의 가능성뿐만 아니라 번역자가 규명된 텍스트를 대상으로 번역자판별을 기제로 하여 번역과 관련된 제반 이론, 번역기법과 전략의 분석을 통하여 번역과정과 번역결과에 대한 연구에 기여할 것이며 이것이 번역자판별이 기여할 수 있는 연구 방향이 될 것이다.

 21세기에 이르러 인터넷의 웹 활용은 생활의 모든 면에서 일상화하였고 이에 따라 다국어로 이루어진 방대한 콘텐츠 중에서 영어콘텐츠에 대조되어 다른 언어로 만들어진 병렬코퍼스가 많이 존재하므로, 병렬코퍼스로서의 웹에 대하여 본격적인 그리고 집중적인 연구가 이루어져야 한다. 또한 기계번역은 규칙기반과 코퍼스기반 방법으로 양분되는데 코퍼스기반은 인간의 주관에 의해서가 아니라 대량의 물리적인 자료인 코퍼스를 예제기반과 통계기반의 방법으로 이루어지므로 이러한 기계번역의 영역에 있어서도 코퍼스는 많은 연구과제를 제시한다.

참고문헌

강낙중(2002), 『영어식 사고 & 영어식 표현』, 홍익미디어플러스.

강남준·이종영·최운호(2010), 「독립신문 논설의 형태 주석 말뭉치를 활용한 논설 저자 판별 연구」, 『한국사전학』 15, pp.73-101.

강범모(2003), 『언어, 컴퓨터, 코퍼스언어학』, 고려대학교 출판부.

고광윤(2009), 「코퍼스 분석을 위한 프로그램의 선택: WordSmith tools 4.0과 Mononconc Pro 2.2를 중심으로」, 『영어학연구』 27, pp.1-22.

고창수(1999), 『한국어와 인공지능』, 태학사.

구래복(1988), 『스웨덴어 문체론 분석』, 명지출판사.

곽성희(2001), 「문학번역의 기술번역학적 고찰」, 『동화와 번역』 1, 건국대학교 중원인문연구소, pp.149-68.

김구(2008), 『사회과학연구조사방법론의 이해』, 비앤엠북스.

김영선 역(2006), 『포 단편선: 검은 고양이』, 가지 않은 길.

김윤경(1996), 『응용언어학과 통계학』, 한국문화사.

김윤한(1987), 「번역론: 번역의 가능성을 중심으로」, 『한글』 196, pp.495-510.

김지영 역(2011). 『에드거 앨런 포 베스트 단편선』, 브라운 힐.

김한식·김나정 역(2007), 「번역의 원리: 이문화를 어떻게 번역할 것인가」, 한국외국어대학교 출판부.

김효중(1998), 『번역학』, 민음사.

김효중(2002), 「번역가능성에 대한 고찰」, 『언어학』 34, pp.21-47.

김효중(2004), 『새로운 번역을 위한 패러다임』, 푸른사상사.

김흥규 외(2000), 「한·영 병렬 코퍼스의 설계·구축 및 응용방안연구」, 『한국어학』 11, pp.23-71.

박영목(1994), 「영어번역문체의 수사론적 특성」, 『국어교육』 85-86, pp.87-100.

박갑수(1994), 『국어문체론』, 대한교과서주식회사.

백수진(2003), 「중한 언어 대조와 번역」, 『동서문화』 33, pp.59-80.

변광수(1987), 「스웨덴어 발음에 미치는 영어음운체계의 영향」, 『이문논총』 7, pp.73-90.

서상규·한영균(1999), 『국어정보학 입문』, 태학사.

서정목(2009a), 「대조분석의 새로운 역할과 과제」, 『언어과학연구』 50, pp.69-90.

서정목(2009b), 「대조분석과 번역에 있어서의 등가에 관한 연구」, 『영미어문학』 93, pp.249-71.

서정목(2010a), 「대조언어학과 번역학에 있어서 코퍼스에 기반한 연구방법론의 연구」, 『언어과학연구』 53, pp.81-104.

서정목(2010b), 「텍스트에 나타난 비언어적 의사소통의 번역에 관한 연구」, 『언어과학연구』 55, pp.141-164.

서정목(2011), 「번역전이에 따른 문체의 비교방법론에 관한 연구」, 『언어과학연구』 57, pp.141-174.

서정목(2015), 「포랜식문체론에 따른 번역자판별에 관한 연구: 애드거 앨런 포의 원작과 번역작품의 코퍼스분석을 중심으로」, 『영상영어교육』 16권 3호, pp.179-208.

오미령 역(2004), 『대조언어학』, J & C.

신창원(2012), 「ESP교육을 위한 소규모코퍼스 구축: 기계공학관련 논문초록을 중심으로」, 『언어와 정보사회』 17, pp.175-205.

안정효(2006), 『번역의 공격과 수비』, 세경.

연규동 외(2003), 『인문학을 위한 컴퓨터』, 태학사.

오선영(2004), 「코퍼스와 영어교육」, 『외국어교육연구』 7, pp.1-38.

이기용(2001), 「대조언어학: 그 위상과 새로운 응용」, 『언어과학연구』 19, pp.69-86.

이난희(1994), 「대조언어학에서의 등가 문제」, 『독일문학』 54.

李德超(2004), 「魯文-玆瓦特論飜譯轉移的比較」, 『外國語言文學』 82期.

이미경(2012), 「번역교육을 위한 텍스트 난이도 평가 기준에 대한 소고」, 『번역학연구』 13-2, pp.139-164.

이어령(2006), 『디지로그』, 생각의 나무.

이용훈(2007), 『NLPTools를 이용한 코퍼스 분석과 활용: 언어학 연구, 『영어교육, 그리고 영어교재 개발에서의 활용』, 케임브리지.

이석규 외(2002), 『우리말답게 번역하기』, 역락.

이승권(2004), 「비교문체론과 번역」, 『프랑스문화예술연구』 11, pp.1-23.

이종오(2006), 『문체론』, 살림.

이창수(1997), 「한국어-영어간의 정보배열의 구조적 차이가 동시통역에 끼치는 영향」, 『한국외국어대학교 통역번역연구소 논문집』 1, pp.1-22.

이태영(2003), 「국어 연구와 말뭉치의 활용」, 『텍스트언어학』 15, pp.1-32.

이향 외 역(2004), 『통번역과 등가』, 한국문화사.

이형석(2006), 『실증연구방법』, 한경사.

이화남(1993), 『세기독문법』, 세기문화사.

이희재(2010), 『번역의 탄생』, 교양인.

전대호 역(2009), 『포 단편선집』, 부북스.

전성기 역(2001), 『번역의 오늘: 해석이론』, 고려대학교 출판부.

전성기 역(2003), 『불어와 영어의 비교문체론』, 고려대학교 출판부.

정영목 역(2008), 『거리의 변호사』, 시공사.

최정아(2003), 「병렬말뭉치를 통한 한국어, 영어의 번역단어수 연구」, 『번역학연구』 4-2, pp.89-115.

최필원 역(2010), 『어두울 때는 덫을 놓지 않는다』, 북@북스.

한나래(2009), 「빈도정보를 이용한 한국어 저자판별」, 『인지과학』 20-2, pp.225-241.

한동호(2005), 『문체번역의 기교』, 신성출판사.

한정한 외(2007), 『한국어정보처리입문』, 커뮤니케이션북스.

황도상 외(2007), 『자연언어처리』, 홍릉과학출판사.

허용(2005), 「대조언어학을 위한 기초연구」, 『한국어문학연구』 22, pp.33-58.

Aijmer, K., A. Bengt, and J. Mats. 1996. *Languages in Contrast. Papers from a Symposium on Text-based Across-linguistic Studies*. Lund: Lund University Press.

Atkins, S., J. Clear, and N. Ostler. 2007. "Corpus Design Criteria", In Teubert, W., and K. Ramesh (eds), *Corpus Linguistics*. London & New York: Routledge.

Baker, M. 1993. *Text and Technology*. Philadelphia & Amsterdam: John Benjamins Publishing Company.

Baker, M. 1998. *Routledge Encyclopedia of Translation Studies*. London & New York: Routledge.

Baker, M. 2000. "Towards a Methodology for Investigating the Style of a Literary Translator", *Target*, 12-2, pp.241-266.

Baker, P. 2009. *Contemporary Corpus Linguistics*. London & New York: Continuum International Publishing Group.

Bell, R. 2007. *Translation and Translating: Theory and Practice*. London: Longman.

Biber, D., S. Conrad, and R. Reppen. 2000. *Corpus Linguistics: Investing Language Structure and Use*. Cambridge: Cambridge University Press.

Bouton, L. F. 1976. "The Problem of Equivalence in Contrastive Analysis", *International Review of Applied linguistics*, 14-2, pp.143-163.

Brown, H. Douglas. 1980. *Principles of Language Learning and Teaching*, 3rd ed., Englewood Cliffs: Prentice-Hall.

Cassell's German-English/English-German Dictionary, 1980. New York: Macmillan.

Catford, J. C. 1965. *A Linguistic Theory of Translation*. London: Oxford University Press.

Corder, S. Pit. 1978. "Language Distance and the Magnitude of the Language Learning Task", *Studies in Second Language Acquisition*, 2, pp.27-36.

Corder, S. Pit. 1981. *Error Analysis and Interlanguage*, London: Oxford University Press.

Dale, E., and J. S. Chall. 1948. "A Formula for Predicting Readability", *Educational Research Bulletin*, 27, pp.1-20.

Diller, Hans-Jürgen, and Joachim Kornelius. 1978. *Linguistische Probleme der Übersetzung*. Tübingen: Max Niemeyer Verlag.

Doyle, Arthur Conan. 2007. *The Adventures of Sherlock Holmes*. London: Penguin Group.

Ebeling, J. 1998. "Contrastive Linguistics, Translation, and Parallel Corpora", In Laviosa, Sara. (ed), *Corpus-based Translation Studies: Theory, Findings, Applications*. Amsterdam: Rodopi B.V.

Ebneter, Theodor. 1976. *Angewandte Linguistik 2, Eine Einführung*. München: UTB Wilhelm Fink Verlag.

Erjavec Tomaž. 2003. "Compilation and Exploitation of Parallel Corpora", *Journal of Computing and Information Technology*, 11, pp.93–102.

Fawcett, Peter. 2003. *Translation and Language: Linguistic Theories Explained*. Manchester: St. Jerome Publishing.

Fisiak, Jacek. 1980. *Theoretical Issues in Contrastive Linguistics*. Amsterdam: John Benjamins B.V.

Frankenberg-Garcia, A. 2009. "Compiling and Using a Parallel Corpus for Research in Translation", *International Journal of Translation*, 21, pp.57–71.

Fries, Charles C. 1945. *Teaching and Learning English as a Foreign Language*. Ann Arbor: University of Michigan Press.

Granger, Sylviane, Jacques Lerot, and Stephanie Petch-Tyson. 2003. *Corpus-based Approaches to Contrastive Linguistics and Translation Studies*. Amsterdam: Rodopi B.V.

Grisham, John. 2003. *The Street Lawyer*. New York: Bantam Dell.

Guillén-Nieto, V., C. Vargas-Sierra, M. Pardino-Juan, P. Martinez-Barco, and A. Suarez-Cueto. 2008. "Exploring State-of-the-Art Software for Forensic Authorship Identification", *International Journal of English Studies*, 8. 1, pp.1–28.

Guiraud, Pierre. 1979. *La Stylique*. Paris: Presses Universitaires de France.

Halliday, M.A.K., A. McIntosh, and P. Strevens. 1964. *The Linguistic Science and Language Teaching*. Bloomington: Indiana University Press.

Helbig, G. 1975. "Zu einigen Problemen der konfrontativen Grammatik und der Interferenz in ihrer Bedeutung für den Frendsprachenunterricht," *Wissenschaftliche Zeitschrift der Humboldt Universität zu Berlin, Gesellschaft und Sprachwissenscahftliche Reihe,* 3, pp.171-176.

Hermans, Theo. 1999. *Translation in Systems: Descriptive and Systematic Approaches Explained.* Manchester: St. Jerome.

Holmes, J. S. 1994. *Papers on Literary Translation and Translation Studies.* Amsterdam & Atlanta: Rodopi. B.V.

Ivir, V. 1981. "Formal Correspondence vs. Translation Equivalence Revisited", In Even-Zohar, I., and G. Toury (eds), *Theory of Translation and Intercultural Relations,* Tel Aviv: The Porter Institute for Poetics and Semiotics, Tel Aviv University.

Jäger, Gert. 1975. *Translation und Translationslinguistik.* Halle: Niemeyer.

Jakobson, Roman. 1959. "On Linguistic Aspects of Translation", In Venuti, Lowrence (ed.), 2004. *The Translation Studies Readers.* London & New York: Routledge.

Johansson, Stig, and Jarle Ebeling. 1996. "Exploring the English-Norwegian Parallel Corpus", In Percy, C. E., Ch. F. Meyer, and I. Lancashire (eds.), *Synchronic Corpus Linguistics.* Amsterdam: Rodopi B.V.

Koller, Werner. 1983. *Einführung in die Übersetzungswissenschaft.* Quelle & Meyer: Heidelberg.

Lado, Robert. 1957. *Linguistics across cultures.* Ann Arbor: University of Michigan Press.

Laviosa, Sara. 2006. *Corpus-based Translation Studies: Theory, Findings, Applications.* Amsterdam: Rodopi B.V.

Lawson, A. 2001. "Collecting, Aligning and Analysing Parallel Corpora", In Ghadessy, M., A. Henry, and R. Roseberry(eds), *Small Corpus Studies and ELT: Theory and Practice.* Philadelphia: John Benjamin Publishing Co.

Lenneberg, E. H. 1972. *Biologische Grundlagen der Sprache.* Frankfurt am Main: Suhrkamp.

Levý, J. 1969. *Die Literarische Übersetzung. Theorie einer Kunstgattung.* Frankfurt & Bonn: Athenäum–Verlag.

MacMenamim. Gerald R. 2002. *Forensic Linguistics.* New York: CRC Press.

Malone, Joseph. L. 1988. *The Science of Linguistics in the Art of Translation.* New York: State University of New York Press.

Mason, O. 2000. *Programming for Corpus Linguistics: How to Do Text Analysis with Java.* Edinburgh: Edinburgh University Press.

McEnergy, T., and A. Wilson. 1996. *Corpus Linguistics.* Edinburgh: Edinburgh University Press.

McEnergy, T., R. Xiao, and Y. Tono. 2006. *Corpus-Based Language Studies.* London & New York: Routledge.

McEnergy, T. and R. Xiao. 2008. "Parallel and Comparable Corpora : What is Happening?", In Anderman, G., and M. Rogers(eds), *Incorporating Corpora: The Linguist and the Translator.* Clevedon: Multilingual Matters Ltd.

Meyer, Charles F. 2002. *English Corpus Linguistics: An Introduction.* Cambridge: Cambridge University Press.

Mosteller, F., and D. L. Wallace. 1984. *Applied Bayesian and Classical Inference: The Case of The Federalist Papers.* New York: Springer–Verlag.

Munday, Jeremy. 2008. *Introducing Translation Studies: Theories and Applications.* New York: Routeledge.

Nelson, Gerald. 1996. "Markup System", In Greenbaum, S.(ed). *Comparing English Worldwide.* Oxford: Clarendon Press.

Nida E. A.1964. *Toward a Science of Translating.* Leiden: E.J. Brill.

Nida E. A., and C. R. Taber. 1969. *The Theory and Practice of Translation.* Leiden: E.J. Brill.

Oakes, M., and T. McEnergy. 2000. "Bilingual Text Alignment –An Overview", In Botley, S. P., A. M. McEnergy and A. Wilson(eds), *Multilingual Corpora in Teaching and Research. Language and Computers: Studies in Practical Linguistics,* 22, Amsterdam: Rodopi B.V.

Oller, John W., and Seid M. Ziahosseiny. 1970. "The Contrastive Analysis Hypothesis and Spelling Errors", *Language Learning,* 20, pp.183-189.

Öttinger, A. G. 1960. "Automatic Language Translation. Lexical and Technical Aspects, with Particular Reference to Russian", *Harvard Monographs in Applied Science,* 8. Cambridge and Mass.: Harvard University Press.

Poe, Edgar Allan. 1980. *The Purloined Letter.* Logan: Perfection Leaning Corporation.

Rein, Kurt. 1983. *Einführung in die Kontrastive Linguistik.* Darmstadt: Wissenschaftliche Buchgesellschaft.

Richards, J. C., and G. P. Sampson. 1974. "The Study of learner English", In Richards, J. C. (ed.), *Error Analysis: Perspectives on Second Language Acquisition.* London: Longman Group Ltd.

Saldanha, G. 2011. "Translator style: Methodological considerations", *The Translator,* 17-1, pp.25-50.

Salkie, Raphael. 1999. "How Can Linguistics Profit from Parallel Corpus?", *Papers from a Symposium on Parallel and Comparable Corpora at Uppsala University,* 22-23, pp.93-109.

Scott, M. 2010. *WordSmith Tools.* Liverpool: Lexical Analysis Software.

Semino, E., and M. Short, 2004. *Corpus Stylistics: Speech, Writing and Thought Presentation in a Corpus of English Writing.* London: Routledge.

Sheldon, Sidney. 2004. *Are you Afraid of the Dark?* New York: Harper Collins.

Sowinski, Bernhard. 1991. *Stilistik,* Stuttgart: J.B. Metzlersche Verlagsbuchhandlung.

Spalatin, Leonardo. 1969. "Formal Correspondence and Translation equivalence in Contrastive analysis", retrieved from http://www.eric.ed.gov.

Stubbs, M. 1996. *Text and corpus Analysis.* Oxford: Blackwell.

Stubbs, M. 2001. "Text, Corpora and Problems of Interpretation: A Response to Widdowson", *Applied Linguistics,* 22, pp.149-72.

van Leuven-Zwart, Kity M. 1989. "Translation and Original: Similarities and Dissimilarities 1", *Target,* 1. 2, pp.151-181.

van Leuven–Zwart, Kity M. 1990. "Translation and Original: Similarities and Dissimilarities 2", *Target,* 2. 1, pp.69–95.

Venuti, Lawrence(ed). 2004. *The Translation Studies Reader.* New York: Routeledge.

Whitman, Randal. 1970. "Contrastive Analysis: Problems and procedures", *Language learning,* 20–2, pp.191–197.

Winter, W. 1961. "Impossibilities of translation", In W. Arrowsmith and R. Shattuck(eds), *The Craft and Context of Translation.* New York: Anchor.

Wilss, W. 1977. *Übersetzungswissenschaft. Probleme und Methoden.* Stuttgart: E. Klett.

Zabrocki, T. 1976. "On the so–called Theoretical Contrastive Studies," *Papers and Studies in Contrastive Linguistics,* 4, pp.97–109.

〈웹 자료〉

dictionary.reference.com/browse/explicandum

endic.naver.com

hermes.khan.kr/68

ko.wikipedia.org

www.gutenberg.org

찾아보기

ㄱ

ㄴ

ㄷ

동양인명

서양인명

저자 서정목

저자는 현재 대구가톨릭대학교에서 교수(번역학전공)로 재직 중이다. (사)미국법률전문가협회 자문위원, 대구출입국관리사무소 사회통합위원, (주)위니텍 감사 등의 활동을 하고 있다. 경북대학교에서 독어독문학을 공부하고 부산대학교 대학원 영어영문학과에서 번역학박사학위를 취득하였다. 대구광역시에서 전문직공무원으로, 그리고 한국무역협회에서 통번역전문위원으로 통번역업무를 수행하였다. 한국의 정보처리기사, 정보시스템감리원과 미국의 정보시스템감사사(CISA), 정보시스템보안전문가(CISSP), 영국의 ITIL 자격증을 보유하여 IT분야에 특화된 번역을 해왔으며, 법률번역을 전공하여 주로 ICT 번역과 법률번역을 전문으로 한다. 2015년에 교육분야의 공로로 대한민국 신지식인으로 선정되었고, 2017년에는 번역학의 이론과 실무에 대한 연구성과를 인정받아 세계적 인명사전인 마르퀴즈 후즈 후(Marquis Who's Who)에 등재되었다.

현재 주요 관심분야는 미국법, 한국 및 미국에서의 법정통역, 기계번역, 데이터마이닝, 텍스트 마이닝과 감성분석 등 번역학, 언어학, 전산, 데이터처리 및 분석으로 구성되는 교집합 분야로서, 이러한 분야의 연구를 진행하고 있다.

번역학 연구와 코퍼스 문체론

2017년 11월 30일 초판 1쇄 펴냄

지은이 서정목
펴낸이 김흥국
펴낸곳 보고사

책임편집 황효은
표지디자인 손정자

등록 1990년 12월 13일 제6-0429호
주소 경기도 파주시 회동길 337-15 보고사 2층
전화 031-955-9797(대표), 02-922-5120~1(편집), 02-922-2246(영업)
팩스 02-922-6990
메일 kanapub3@naver.com / bogosabooks@naver.com
http://www.bogosabooks.co.kr

ISBN 979-11-5516-753-3   93700
ⓒ 서정목, 2017

정가 15,000원